COLLECTION GRAND IN-4° ILLUSTRÉE

ROMANS DE PIGAULT-LEBRUN

L'HOMME A PROJETS

PRIX : **75** CENTIMES — ÉTRANGER ET PAR POSTE : 1 FR.

PARIS

A. DEGORCE-CADOT, LIBRAIRE-ÉDITEUR, 9, RUE DE VERNEUIL

ET CHEZ TOUS LES LIBRAIRES DE FRANCE ET DE L'ÉTRANGER

COLLECTION GRAND IN-4° ILLUSTRÉE

ROMANS DE PIGAULT-LEBRUN

L'HOMME A PROJETS

Les Œuvres de PIGAULT-LEBRUN seront publiées sans interruption, en livraisons à 10 cent.

(DEUX LIVRAISONS PAR SEMAINE)

PARIS
A. DEGORGE-CADOT, éditeur, 70 bis, rue Bonaparte
ET CHEZ TOUS LES LIBRAIRES DE FRANCE ET DE L'ÉTRANGER

EN VENTE :

CHEZ TOUS LES LIBRAIRES ET MARCHANDS DE JOURNAUX :

SANS-SOUCI

Brochure in-4°, illustrée par Hadol. . . . . 0 fr. 75

PARAITRONT SUCCESSIVEMENT ET SANS AUCUNE INTERRUPTION :

L'art de FAIRE un Mari. — Monsieur de Roberville. — Tant va la cruche à l'eau. — Monsieur Botte. — Mon oncle Thomas. — La Folie espagnole. — Jérôme. — Les barons de Felsheim. — La Mouche. — Monsieur Martin, etc., etc.

L'HOMME A PROJETS

SOMMAIRE DES CHAPITRES

Chapitre premier

Vanité! Tout n'est que vanité! — Mᵐᵉ Robert, son fils et son directeur. — Première fugue du petit coureur qui rencontre l'ami Rifflard. — Route d'Evreux. — La jolie Louison et son ami le beau garçon, puis l'oncle d'Estival. — Nuit que Louison et réveil que M. d'Estival n'avaient pas rêvés. — Choses mystérieuses au cabaret et en diligence qui se dévoileront à Rouen, sous forme de mariages naturels. — Entre temps, Mᵐᵉ Robert a légalement épousé M. Dupont; on verra comment et pourquoi.

Chapitre II.

Compliqué et très-gai. — Personnages et Scenario. — Louison et M. Belle-Pointe. — Futur abbé et marchande de modes. — Président, conseiller-clerc et demoiselles de théâtre. — Parties carrées interrompues. — Perruque brûlée, actrice giflée. — Quinze mille livres escroquées. — Président-Dragon. — Recruteurs, revendeurs à la toilette et gredines se volant à qui mieux mieux. — Oncle berné par son coquin de neveu. — Travestissements. — En diligence, puis en pleine mer. — Ce qu'on n'avait jamais vu à Dives et qu'on n'y verra plus jamais. — Stupéfaction du chef d'escadre commandant la Minerve. — La fin d'un coquin. — Le second chapitre narre tout cela et bien d'autres encore.

Chapitre III.

Il va être enfin plus spécialement question des projets et des aventures de Robert. — Comment il fait connaissance avec mylord Allisbad, philosophe à sa façon. — Conséquences tout à fait extraordinaires de cette rencontre et comment, aux îles Orcades notamment, être maître absolu de l'univers n'est pas le suprême bonheur. — Si M. Cammeron est le plus honnête des hommes et le meilleur des prêtres, la vieille Betty est bien la plus acariâtre des ménagères, et Robert le plus mauvais drôle des trois royaumes.

Chapitre IV.

Robert devient jacobite et fils de Mac-Karon, l'un des sujets dévoués de Charles-Édouard. — Lord Lovat prend, pour paroles d'Évangile, toutes les balivernes qu'il leur plait de conter, milady encore davantage et miss Fanny, leur fille, mille fois plus.... L'amour s'en mêle et les choses vont un train d'enfer jusqu'à ce que lord Kilmarnock découvre le pot aux roses. — Robert qui a rêvé d'abord roi, puis grand chancelier, enfin simple lieutenant et heureux époux, retombe Gros-Jean comme devant, non sans recevoir quelque chose par derrière.... mais sans épouser Fanny même à l'écossaise.

Chapitre V.

On y apprendra qu'il faut toujours se méfier des Dickson, inconnus, des madame Dickson, du jeu de Creps et des descendants du roi Canut de Danemark. — Robert confus et à moitié nu arrive à Londres. — Le philosophe mylord Allisbad l'envoie faire lanlaire. — Heureuse réapparition de l'ami Rifflard. — Rifflard le diplomate! — Oubli de tous les maux en compagnie de madame de Chedeville dont le mari... Oh! les femmes! les femmes!... Voici ce pauvre Robert à fond de cale à bord du Bucentaure.

L'HOMME A PROJETS

CHAPITRE PREMIER

Vanité! Tout n'est que vanité! — Madame Robert, son fils et son directeur. — Première fugue du petit coureur, qui rencontre l'ami Rifflard. — Route d'Évreux. — La jolie Louison et son ami le beau garçon, puis l'oncle d'Estival. — Nuit que Louison et réveil que M. d'Estival n'avaient pas rêvés. — Choses mystérieuses au cabaret et en diligence qui se dévoileront à Rouen, sous forme de mariages naturels. — Entre temps, madame Robert a légalement « pousé M. Dupont; on verra comment et pourquoi.

— *Vanitas vanitatum, omnia vanitas.* Vanité des vanités, tout est vanité, nous dit en mauvais latin la sainte Ecriture, qui n'est pas écrite par Cicéron, mais qui, dans cet aphorisme, ne nous offre pas moins un trait sublime de morale, que nous ne méditons pas assez.

En effet, mes très-chers frères, tout est vanité. Quoi de plus vain que nos projets, qui souvent tournent à notre honte, ou dont le succès même n'est pour nous qu'un nouveau moyen de perdition? Hé! à quoi aboutissent-ils ces malheureux projets auxquels vous sacrifiez votre salut? A la fortune? Il faut l'abandonner à la mort, la laisser à des enfants qui n'en connaissent pas le prix, parce qu'ils ne l'ont point acquise par leur travail; qui la dissipent promptement, non en œuvres pies, ce qui serait méritoire, mais en péchés mortels, qu'on peut compter par sacs de douze cents francs, et même de quelque chose de moins, car il y a des péchés à tout prix.

Vos projets vous poussent-ils vers l'amour? Trompés, tourmentés par votre maîtresse ou par votre femme, vous verrez que vous n'avez saisi qu'une ombre; vous vous écrierez que tout est prestige et vanité, et cependant vous pécherez par pensée, si vous renoncez à pécher par action, car, enfin, comment vous soustraire à la puissance du *Croissez et multipliez?* Il est encore dit: *L'homme quittera son père et sa mère pour s'attacher à sa femme,* et ceux qui ont dit cela savent bien que vous descendez toutes d'Ève, mes très-chères sœurs, qu'Ève a damné le genre humain, et que vous ressemblez plus ou moins à votre grand'maman. Comment donc se marier, ou comment se passer du mariage? C'est ce que je ne vous dirai pas, parce que je n'en sais rien.

Vos projets vous portent-ils à une grande place? Semblables à un danseur de corde, vous ne serez plus occupés qu'à garder l'équilibre, et vous n'aurez devant les yeux que la culbute, qui parfois a des suites fâcheuses.

Arrivez-vous en clochant jusqu'au faîte des grandeurs? C'est alors que vous répéterez, et que vous répéterez encore : *Vanitas vanitatum, omnia vanitas;* car enfin notre divin Maître a dit : *Il n'y aura parmi vous ni premier ni dernier.* Il est vrai qu'il a dit aussi : *Rendez à César ce qui appartient à César,* et ces deux maximes ne sont pas faciles à concilier. Ne concilions pas, et adorons. *Ave, Maria.*

Ne formez donc point de projets, mes très-chers frères ; c'est tenter la Providence, sans la permission de laquelle rien n'arrive jamais. Il est encore écrit : *Bienheureux celui qui s'abaisse, car il sera élevé.* Attendons donc dans l'obscurité et la méditation ce qu'il plaira à la Providence d'ordonner de nous, et certes, la main qui, après avoir abaissé Job, le combla de richesses, saura nous trouver, comme lui, sur du fumier.

Restons sur le fumier, mes très-chers frères, et jeûnons-y, ce qui est très-facile. C'est sous des haillons, des cheveux gras, des ongles longs et crasseux, que l'Éternel trouvera et exaltera celui sur lequel il aura laissé tomber un regard de miséricorde. Gardons-nous surtout...

Ainsi parlait, le 15 août 1734, le révérend père Salomon de Pontoise, capucin indigne, qui, en agitant sa lèvre inférieure, donnait à sa barbe grise un mouvement tout à fait gracieux. Digne père Salomon! que n'eût-il pas dit sur le danger des projets, si un ronfleur ne l'eût distrait d'abord et ne lui eût fait perdre enfin le fil de son discours! Le père Salomon sua à grosses gouttes, s'essuya le visage à diverses reprises, et la mémoire lui manquant tout à fait, et n'ayant pas le talent d'improviser, et voulant finir par un coup d'éclat, il descendit de la chaire en s'écriant de toute la force des poumons : *Vanitas vanitatum, omnia vanitas.*

Le ronfleur qui avait privé l'auditoire de la suite de ce fameux sermon, que le père Salomon tenait du père Chrysostome de Poissy, lequel l'avait reçu du père Bonaventure de Villers-Cotterets, lequel l'avait escamoté de la manche du père Fiacre de Quimper, qui l'avait volé au père Ovide de Paris, qui en était réellement l'auteur, et qui, en raison de son rare talent, avait été promu à la dignité de provincial de la province d'Artois, où il débitait une fois l'an le fameux sermon, qui n'empêchait pas les bons Artésiens de former le projet de devenir gens d'esprit, mais dont les vains efforts... Où en suis-je donc?... Ah! le ronfleur était un petit bonhomme de dix ans, que madame sa mère menait régulièrement aux offices les jours où les chaises n'étaient pas aussi chères que les billets de spectacle.

Ce n'est pas que madame Robert fût réellement une femme selon Dieu ; c'était une chrétienne, comme tant d'autres, qui mettent une grande différence de la profession à la croyance, et de la croyance à la conviction. Comme tant d'autres, elle ne s'était jamais donné la peine d'examiner sa religion. Elle ne voulait point que son directeur l'affligeât quand elle se portait bien ; elle lui permettait de la consoler quand elle était malade. Du reste, elle tenait rigoureusement aux pratiques extérieures : cela aide à passer le temps, et donne une sorte de considération aux yeux de certaines gens. Or, chacun veut être considéré, et tel va chercher aux vêpres ou au salut ce qu'on lui refuse dans un salon.

Madame Robert s'était donc fait une haute réputation près de messieurs du bas clergé. En conséquence, ils avaient la bonté de trouver sa soupe succulente, son maquereau excellent, la poularde cuite précisément au degré nécessaire. A la fin du dîner, on déclamait contre les athées, les hérétiques; on les damnait de pleine autorité; on eût voulu les griller, *ad majorem Dei gloriam*, et madame Robert pleurait d'attendrissement en pensant aux plaies profondes que font ces malheureux à l'Église *triomphante*.

Le moka venait ranimer les imaginations fatiguées. On parlait tous à la fois, ce qui est un sûr moyen de s'entendre, et quand on avait assez vociféré *anathème* sur ceux qui osaient être d'une autre opinion, on se quittait très-satisfaits les uns des autres. Le directeur de madame Robert restait, parce qu'elle était veuve, ce qui ne laisse pas d'être commode, et qu'elle était d'âge canonique, ce qui n'est pas sans quelques avantages.

Le petit Robert était un espiègle qui préférait la société à l'église, parce qu'il tenait un coin parmi ses camarades. Il se souciait fort peu des offices, parce qu'il ne les entendait pas ; des processions, parce que c'est toujours la même chose ; des sermons contre les projets, parce qu'il se trouvait fort bien d'en faire et de les exécuter.

Ses projets, à lui, n'étaient pas de ceux qui divisent, qui bouleversent un royaume ou une province. Ses vues ne s'étendaient pas encore si loin. Lorsqu'il s'endormait, il projetait une partie de barres, et il attendait, en ronflant, qu'il plût à madame sa mère de lui rendre l'usage de ses jambes.

Les choses ne tournèrent pas précisément selon ses projets. La partie de barres eut lieu ; mais le petit Robert fit une chute, d'où s'ensuivit une déchirure à sa culotte. La chute et la déchirure provoquèrent les railleries ; les railleries mirent en fermentation l'humeur bilieuse du petit Robert. Il cessa de jouer aux barres, pour jouer aux poings. Il projetait de rosser son adversaire, et son adversaire lui pocha un œil et lui cassa le nez : *Vanitas vanitatum !*

On se console aisément, à dix ans, d'avoir reçu deux taloches et d'avoir déchiré sa culotte ; mais on ne sait trop ce qu'on dira en rentrant chez soi. Mentir est le premier moyen qui se présente ; mais une figure ensanglantée, un œil poché, déposent contre la violence du porteur, et le petit Robert projeta de ne rien dire du tout et de laisser dire madame sa mère.

Madame Robert, très-échauffée d'une conversation mystique qu'elle ne comptait pas terminer sitôt, eut à son tour beaucoup d'humeur en voyant rentrer son fils, et cette humeur trouvant un prétexte tout simple de s'exhaler, elle se répandit en reproches amers sur l'inconduite du petit bonhomme, qui ne répondait rien, ainsi qu'il l'avait projeté, parce qu'il n'avait rien de bon à dire. Son silence faisant supposer ses torts plus graves qu'ils n'étaient, les gourmades suivirent les reproches. Robert jeta les hauts cris et madame sa mère cria au scandale.

Le directeur observa d'un ton mielleux à la dame que son état approchait de la colère, qui est, comme on sait, un des sept péchés capitaux ; qu'il suffisait d'envoyer le marmot dans sa chambre, de l'y tenir au pain et à l'eau, et comme l'oisiveté est la mère de tous les vices, qu'il serait bon pour qu'il employât bien son temps, de lui enjoindre d'apprendre un ou deux chapitres de l'*Ange Conducteur*, ouvrage excellent, très-propre surtout à former un jeune homme pour le monde.

Le conseil fut écouté, suivi dans toutes ses parties, et madame Robert et son directeur reprirent la conversation où elle en était restée.

Le petit Robert prit patience le premier jour, parce que ses arrêts le dispensaient d'aller à l'école. Le lendemain il s'emporta contre le régime qu'on lui faisait suivre, et quant à *l'Ange conducteur*, il forma le projet de ne pas l'ouvrir.

Le troisième jour, Robert regarda son pain et son eau, n'y toucha point pendant la moitié de la journée, et projeta enfin de punir madame sa mère en se laissant mourir de faim ; mais un estomac irrité est plus fort que tous les projets : à la fin du jour, Robert dévora sa ration tout entière, se promettant de faire bonne chère le lendemain.

En effet, il se leva vers minuit, il ouvrit doucement sa porte, plus doucement encore celle de madame sa mère, qui couchait seule, à son grand regret, et qui réparait au sein d'un profond sommeil les fatigues de la journée. Il décrocha ses poches du grand fauteuil, fit passer la bourse dans son gousset, descendit sur la pointe du pied, entr'ouvrit la fenêtre de la cuisine et sauta dans la rue.

Il commença par marcher tout droit devant lui, et plus il s'éloignait du toit maternel, plus il était leste et gai. Il allait sans savoir où, et il était près des Champs-Élysées lorsque la bienfaisante aurore vint guider ses pas incertains.

Il s'assit sur l'herbe, et commença l'inspection de ses finances : Cinq écus de six francs, deux petits écus, trente à quarante sous de monnaie!... avec cela on peut commencer son tour de France.

Une laitière et une marchande de gâteaux de Nanterre passèrent à propos. M. Robert déjeuna comme un prince pour ses huit sous, et comme il avait passé la nuit à faire des projets et à les exécuter, il s'endormit profondément dès qu'il eut l'estomac garni.

Le soleil était déjà haut lorsqu'il s'éveilla, fortement tiraillé par un bras et par une jambe. C'était le petit Rifflard, son camarade chéri, qui avait dormi tranquillement dans son lit, parce qu'il ne faisait pas de projets, qu'il était au mieux avec ses parents, dont il suivait aveuglément les conseils, et qu'ainsi il vivait toujours en paix avec lui-même et sans inquiétude du lendemain.

Le petit Rifflard marchait d'un pas délibéré, ses livres sous le bras; et il était entré aux Champs-Élysées pour y répéter encore une fois sa leçon du jour, afin d'obtenir de son maître le sourire d'approbation accoutumé.

Rifflard, plus âgé de deux ans que Robert, avait aussi plus de pénétration. Il avait jugé qu'on ne dort pas sur l'herbe à huit heures du matin, quand on a dormi ailleurs; et il venait de réveiller son camarade pour lui faire des représentations amicales, s'il voulait les écouter, ou pour lui rendre service, si cela était en son pouvoir.

— Que fais-tu là? — Je dors. — Que vas-tu faire? — M'en aller. — Où? — Je n'en sais rien. — Tu veux quitter Paris? — Pour toujours. — Ta mère y consent-elle? — Non; je m'enfuis. — Et tu ne crains pas de lui faire de la peine? — A-t-elle craint de me nourrir trois jours de pain et d'eau? — Le méritais-tu? — Non. — Eh bien, ne parlons que de toi. — Oh! moi, je serai bien partout. — Mais de quoi vivras-tu? — J'ai de l'argent. — D'où te vient-il? — Je l'ai pris. — A ta mère? — A qui donc? — Robert, voler ses parents! — Je n'emporte pas ce que je lui coûte en un mois. — Et quand cela sera dépensé? — Alors je verrai. — Robert, tu vas te perdre. — Oh! que non. — Je veux te prouver que je suis ton ami. — En partant avec moi? — En m'empêchant de faire une grande faute. — En ce cas, étudie ta leçon, et laisse-moi partir. Le beau temps, pour courir le monde!

— Écoute-moi, Robert, ton affaire peut s'arranger facilement. Notre maître a de l'affection pour moi; je lui parlerai, il ira trouver ta mère; elle t'aime, elle pardonnera. — Et à quoi cela me mènera-t-il? Il y a quatre ans que j'apprends à lire, à écrire et à compter; six ans à passer au latin et au grec; deux ans de logique et de théologie, et puis la tonsure, et puis les quatre mineurs, le sous-diaconat, le diaconat, la prêtrise: monsieur le directeur l'a décidé ainsi, et rien de tout cela ne me convient. — Hé! sais-tu à dix ans ce qui te conviendra à trente? Mon ami, nos parents voient pour nous jusqu'à ce que nous puissions voir nous-mêmes. Il est possible qu'ils se trompent quelquefois; mais nous devons nous tromper bien plus souvent qu'eux. Robert, mon cher Robert, reviens avec moi. Je te le répète, ton affaire s'arrangera... Tu t'éloignes! tu ne m'aimes plus, tu ne m'as jamais aimé.

Robert s'éloignait en effet, et il marchait très-vite, parce que son camarade, beaucoup plus fort que lui, pouvait employer la force après avoir épuisé le raisonnement. Robert se retourna avoir fait une centaine de pas; il vit Rifflard à la même place, les bras étendus vers lui, ayant toujours l'air suppliant. Une larme coula des yeux de Robert; il s'arrêta, il fut sur le point de rétrograder... Une chaise de poste passe; le bruit des fouets fixe son attention. La gaieté d'une jolie dame qui folâtre avec un joli monsieur ranime dans le cœur à demi vaincu de Robert le goût des voyages. Il court, il s'attache aux ressorts; il retombe une fois, deux fois; un effort plus puissant lui porte le pied à l'étrier de derrière, d'où il s'élance sur une malle, aux courroies de laquelle il se cramponne avec les deux mains.

Robert avait cessé de voir ce monument auguste qui rappelle tant de choses, et que tant de rois n'ont pu finir. L'indépendance, ce premier sentiment de l'homme, cette impulsion de la nature, à laquelle il est si difficile de renoncer entièrement, l'indépendance s'offrait à lui, parée des charmes qu'y ajoutait son imagination. Plus d'école, plus de pain sec, plus de souvenirs du passé, point de regrets, moins d'inquiétude encore de l'avenir. Parcourir l'espace avec rapidité, voir fuir derrière soi les hameaux, les forêts, les villages, les villes; tout admirer, jouir de tout avec cet abandon qu'inspirent la nouveauté et la possession de soi, tel était l'état de Robert.

La voiture avait pris un chemin à gauche; elle avait roulé une partie de la journée; elle s'arrêta enfin à Evreux. Les voyageurs avaient besoin sans doute de quelques restaurants, et Robert avait au moins autant d'appétit qu'eux. Il saute lestement à terre, parce que, si le sentiment de l'indépendance nous est naturel, celui de la propriété nous vient de la même source, et Robert craignait que les propriétaires ne lui prouvassent trop énergiquement qu'il n'avait aucun droit sur leur voiture.

Il est assez difficile de concilier le goût de l'indépendance absolue et le respect des propriétés. Aussi ceux qui n'ont rien ne les respectent-ils que pour s'épargner certains désagréments dont la justice a soin de multiplier les exemples.

La jeune dame, jolie comme un petit ange et légère comme l'hirondelle, s'était si prestement élancée de la voiture, que trois ou quatre pirouettes, suite nécessaire du saut précipité de Robert, ne lui avaient pas échappé. Elle l'interrogea avec cet air de bonté qui encourage toujours. Robert balbutia d'abord; mais le plus tendre sourire lui arracha son secret. — Mon ami, ce pauvre enfant se sauve de chez sa mère. — Ah! ah! voilà un singulier rapport... — Rapport qui m'inspire un véritable intérêt. — Mais, Louison, tu ne te proposes pas de prendre avec nous ce petit garçon? — Pourquoi pas? — Il parait bien né; tu n'en feras pas un jockey? — Fi donc! — Qu'en veux-tu donc faire? — Il courra avec nous, et nous chercherons les moyens de le placer en route. — Placer quelqu'un en courant la poste! — Je le veux, mon ami. — Je n'ai rien à répliquer à cela. Dis-moi, petit, sais-tu quelque chose? — Monsieur, je sais lire et écrire. — Il sait lire et écrire, mon ami! — Et compter, madame. — Et compter! Si nous ne trouvons rien de convenable d'ici à Amsterdam, nous le mettrons, à notre arrivée, chez quelque négociant. — Mais, Louison, il est encore trop jeune... — Je vous dis, monsieur, que je le veux. — Allons, qu'on nous serve, et qu'il se mette à table.

Robert s'applaudissait de son évasion; Robert, enchanté, va faire bonne chère et courir la poste sans toucher à son petit pécule. Il s'inquiète peu de ce qu'il fera chez le négociant d'Amsterdam: il est loin de là, le présent lui suffit, et il n'a pas d'autre projet que d'en profiter.

L'appétit passe comme autre chose, surtout à une

bonne table. Robert, las de manger, examina le jeune monsieur. C'était un beau garçon de dix-huit à vingt ans, qui, du moment où il était descendu de voiture, n'avait cessé de parler morale, vertu, bienséance, et qui n'avait cessé de s'interrompre, de minute en minute, pour embrasser la séduisante Louison, qu'il appelait sa petite femme. La petite femme rendait exactement les baisers et se mêlait de parler sagesse à son tour. Elle ne pardonnait pas une faiblesse à un individu de son sexe, parce qu'il est impardonnable de se donner autrement qu'en légitime nœud. Elle ne croyait pas à l'adultère, parce que ce crime affreux ne lui paraissait pas dans la nature. Tout ce qui est exagéré est insignifiant, et tout cela était fort égal à l'hôtesse et aux garçons qui servaient. L'hôtesse, qui connaissait l'Évangile et le plaisir, trouvait assez étrange que la jeune dame fût plus sévère que le Dieu sauveur; mais, pensait-elle, en faisant sa carte d'avance, la jolie dame est nouvellement mariée probablement, et elle en rabattra comme bien d'autres.

Les valets retirés, on commença à parler folies. En parler, c'est n'être pas loin d'en faire, et on pria monsieur Robert de s'aller coucher.

Il allait gagner son modeste cabinet, lorsqu'on entendit dans la cour un bruit confus de voix et de chevaux. Le beau garçon tressaillit, sa petite femme s'évanouit, et Robert les regarda, incertain, et ne sachant quel projet former.

— Vous vous trompez, monsieur, disait une femme, ce sont de jeunes mariés, bien respectables, et qui ont édifié tous les gens de la maison par la moralité de leurs discours. — Oh! je connais de ces moralistes-là. Qu'on me suive; voyons ces jeunes mariés, et, si je me suis trompé, j'en serai quitte pour des excuses.

Le beau garçon, frappé du son de cette seconde voix, reste d'abord pétrifié. Il se lève ensuite, il va, il vient, il ne sait à quoi se résoudre, et comme on montait l'escalier, il sentit la nécessité de se décider, et promptement. Il prit les draps de son lit, il les attacha l'un au bout de l'autre, et il allait s'en servir pour se glisser dans la rue, lorsque la porte s'ouvrit brusquement.

— Ah! vous voilà donc, mon drôle! ah! vous avez cru faire impunément une telle équipée! Je vais vous apprendre ce qu'on gagne à se jouer de moi. Le beau garçon, plus mort que vif, tombe aux pieds du harangueur, cherche à pallier sa faute et à en obtenir le pardon. — Pas de défaites, pas d'excuses. Allons, messieurs, les menottes à cet égrillard-là. Qu'on le fouille et qu'on lui reprenne ce qu'il m'a volé. — Quoi! mon oncle!... — Votre oncle! je ne vous suis plus rien. Je vous abandonne, je vous déshérite. Comment, morbleu! vous m'emportez mille louis et vous enlevez la femme de chambre de votre tante! vous êtes sans probité, sans mœurs, et vous osez m'appeler votre oncle! Mon argent, messieurs, mon argent d'abord, et qu'on le conduise ensuite à Saint-Lazare.

Ces messieurs étaient quatre cavaliers de la maréchaussée, que le cher oncle avait demandés à l'exempt d'Évreux, de qui ils avaient reçu l'ordre de lui obéir exactement.

Pendant qu'ils exécutaient à la rigueur celui que venait de leur donner le cher oncle, celui-ci écrivait au supérieur de Saint-Lazare de garder son neveu jusqu'à l'obtention de la lettre de cachet que le ministre ne pourrait lui refuser. Il détaillait des faits si graves, si importants, qu'il était à présumer que le lazariste ne se refuserait pas à ses instances (1).

On avait retrouvé ce qui restait d'argent. La somme était un peu diminuée, parce qu'on ne va pas de Paris à Évreux pour rien, et, le cher oncle, qui ne réfléchissait pas à cela, faisait continuer les plus sévères perquisitions.

Il aperçoit enfin Robert, toujours immobile, toujours incertain. Il l'interrogea d'un ton à le faire trembler. L'air rébarbatif de l'oncle, l'aspect de la maréchaussée, les fers, la douleur du beau garçon étaient plus que suffisants pour troubler une tête aussi jeune et obtenir la vérité. Le pauvre petit raconta son histoire simplement, naïvement. Il se repentait sincèrement, disait-il, et il formait le projet de rentrer avec sa mère, si on voulait le reconduire à Paris. L'oncle, qui avait ses vues et qui n'aimait pas l'embarras, protesta que ce petit coquin ne pouvait être qu'un filou, pris sur le pavé par son neveu pour l'aider à le voler, à transporter ses espèces et à le servir en route. Cependant il se borna, par pitié pour son âge, à le prendre par une oreille; à le fouiller lui-même et à lui ôter ses dix ou douze écus, qu'il met dans sa poche. Il lui applique ensuite un coup de pied dans le derrière et le jette à la porte. La maréchaussée enlève le beau garçon, le fait remonter dans sa chaise et prend avec lui le chemin de la capitale. Quelle nuit en comparaison de celle que se promettait l'impétueux jeune homme! *Vanitas vanitatum!*

Ces différentes opérations avaient pris une demi-heure au moins; et Louison ne retrouvait pas l'usage de ses sens, soit que la frayeur eût agi sur ses organes avec une extrême violence, soit, ce qui est plus vraisemblable, qu'elle continuât à jouer l'évanouissement pour se dispenser d'entrer en scène. Le cher oncle resta seul avec elle, et on n'eut pas l'air d'y prendre garde dans la maison. Argent et complaisance, voilà la devise qui n'est écrite sur aucune enseigne, mais qui est gravée dans le cœur de tous les cabaretiers, logeurs, traiteurs, restaurateurs, et que l'amateur découvre sous ces grandes lettres jaunes ou blanches, annonçant CABINETS PARTICULIERS.

Tout le monde sait combien les ligatures sont nuisibles dans tous les temps, et combien surtout elles sont dangereuses dans l'état où se trouvait Louison. Le cher oncle, pénétré de cette vérité, s'approcha de la jeune personne, s'empressa d'ôter des jarretières placées sur le genou; il détacha très-lentement ensuite les rubans du corset.

(1) On recevait pour un temps, à Saint-Lazare, de très-jeunes gens, sur le simple exposé des familles, et on les nommait pensionnaires. On leur faisait prier Dieu quatre heures par jour; on leur faisait apprendre de mémoire l'*Imitation de Jésus-Christ*, et on les fustigeait vigoureusement soir et matin. Quelques-uns sont devenus fous, et y sont restés pensionnaires le reste de leur vie.

Louison jugeant, à ces soins affectueux et au jeu d'une main caressante, que le ressentiment qu'inspirait le neveu ne s'étendait pas jusqu'à elle, Louison crut pouvoir ouvrir ses grands yeux, et les tournant languissamment sur le parent officieux : — Quoi ! c'est vous, monsieur d'Estival ! — Oui, mademoiselle ; c'est moi qui vous aimais tendrement, que vous avez dédaigné pour suivre un freluquet. — Je vous proteste, monsieur, qu'il m'a attirée hors des barrières sous un prétexte qui vous eût abusé comme moi, et qu'ensuite... — Point de phrases, s'il vous plaît. Je ne vous en ai que trop fait, et les vôtres ne réussiront pas plus que les miennes. Vous êtes revenue à vous, vous avez soupé, vous n'avez besoin de rien. Voilà deux lits, ainsi point de scandale. Couchez-vous, croyez-moi, c'est ce que vous pouvez faire de mieux. — Comment, monsieur, vous prétendez... — Oui, mademoiselle, je le prétends. — Et vous croyez que je me prêterai... — Finissons en deux mots, vous avez deux ans de plus que mon neveu : donc vous êtes la séductrice. Vous avez égaré un enfant de famille, vous l'avez porté à voler ses parents et à les fuir : vous savez où cela mène. Choisissez de ce gîte-ci ou de l'autre, et dépêchez-vous.

L'argument était pressant. La petite aimait le beau garçon, mais elle aimait encore plus sa liberté. — Je ne m'attendais pas à ce dénoûment-là, pensait-elle en mettant son bonnet de nuit. Quelle différence, hélas ! de l'oncle au neveu ! *Vanitas vanitatum*, eût encore dit le père Salomon.

Le petit Robert, chassé sans un sou, avait gagné la rue, et, ne sachant où aller, il s'était couché sur un banc de pierre qu'il avait trouvé assez à propos à l'extérieur de la maison. Il s'était mis à pleurer : c'est la première ressource de l'enfance. Bientôt il avait cessé de pleurer, parce qu'il avait vu que cela ne lui servait à rien. — Ah ! disait-il dans l'amertume de son cœur, si j'avais écouté mon ami Rifflard, je ne serais pas réduit à coucher sur une pierre, je ne serais pas exposé à mourir de faim demain ou un autre jour. Malheureux projets ! J'avais bien besoin de m'ingérer d'en faire ! ah ! ah !... si jamais... ah !... ah !... Et à force de faire ah ! ah ! la bouche ouverte et les bras étendus, Robert avait fini par s'endormir.

Sans doute le beau garçon faisait d'aussi tristes réflexions sur le chemin de Saint-Lazare ; sans doute il n'eût pas pensé au repos pendant cette première nuit si désirée, si attrayante auprès de Louison, et qui s'était changée en une nuit de deuil. Il n'en était pas de même du cher oncle, petit homme de cinquante ans, aux joues rubicondes et au ventre rebondi. Son premier succès avait provoqué un sommeil réparateur, et il s'y livrait avec la sécurité que lui inspiraient les droits qu'il venait d'acquérir et les précautions qu'il avait prises.

Il s'était endormi très-content de lui-même, mais sa compagne était loin d'être satisfaite ; elle ne dormait pas. Vive, très-vive, elle aimait le plaisir et elle ne sentait que la dépendance à laquelle les circonstances venaient de la soumettre, et dont un coup d'éclat pouvait seul la tirer.

Quel coup imaginer, quel coup tenter ? imiter la prude Judith était le plus court et non le plus sûr parti. Il n'est pas donné à toutes les femmes de traverser impunément une armée ennemie avec la tête de son général dans un sac, et les gens d'Évreux pouvaient y voir plus clair que ceux d'Holopherne. Louison d'ailleurs était une bonne fille, qui ne se souciait pas de couper le cou à un homme, qui après tout avait fait ce qu'il avait pu.

Elle se glisse doucement, très-doucement hors du lit ; elle cherche ses vêtements ; elle commence à s'habiller... Si M. d'Estival s'éveille, elle sera prise de certain besoin que nos élégantes Françaises n'aiment pas à satisfaire dans leur chambre à coucher ; s'il ne s'éveille pas, elle verra comment lui échapper.

Elle passe un bas, et prête l'oreille, elle passe sa robe, elle écoute encore ; M. d'Estival ronfle toujours. La toilette se termine à travers ces alternatives d'espérances et de craintes. Enfin il ne reste qu'à sortir de la chambre, et pour cela il faut en avoir la clef, que l'oncle prévoyant a mise sous son chevet. Louison avance une main timide, elle retient son haleine, elle cherche, elle tâtonne, elle ne trouve rien. L'imperturbable dormeur la favorise enfin par des mouvements répétés, qui semblent indiquer que l'instant du réveil n'est pas éloigné. Louison tremble de tous ses membres ; mais ferme dans son dessein, elle ne cesse de chercher. La bienheureuse clef se trouve enfin au milieu du lit, dérangée probablement par l'agréable exercice qui avait précédé le sommeil.

Louison marche sur la pointe du pied ; elle craint de fouler le parquet. Elle va droit à la porte, et passe devant la table sur laquelle était l'or destiné à ses plaisirs, et qui avait si promptement changé de mains. Elle s'arrête, elle regarde encore à la lueur d'une bougie, elle soupire. Laissera-t-elle cet or ? S'exposera-t-elle à la misère, ou se livrera-t-elle à un libertinage ouvert ? Partir les mains vides, c'est se réduire à l'un ou l'autre parti. Emporter quelques louis ne lui paraît pas un grand crime, car enfin elle a droit à une vacation. Mais on est puni pour prendre dix louis comme pour en emporter mille. Où est alors l'inconvénient de tout prendre ? et puis, avec une jolie figure, de l'activité, de l'esprit, on doit faire fortune, et Louison ne manquera pas de rembourser le capital et les intérêts. Ainsi, M. d'Estival n'aura fait que prêter, et tout le monde emprunte.

Cet admirable raisonnement n'était pas terminé, que mademoiselle Louison avait déjà le sac sous le bras, et qu'elle avait fourré adroitement et sans bruit la clef dans le trou de la serrure.

Elle ouvre la porte, elle ôte la clef, elle se glisse, et n'oublie pas de mettre M. d'Estival dans l'impossibilité de la suivre de sitôt : elle l'enferme à double tour. Vive Louison pour la présence d'esprit !

Elle descend rapidement l'escalier, elle traverse la cour plus vite encore, parce qu'elle sait que dans les maisons de poste quelques postillons dorment toujours habillés, en attendant les coureurs de nuit. La grande porte est ouverte selon l'usage ; Louison sort, elle rase le mur, elle s'élance, elle court. Des jambes s'embarrassent dans les siennes, quelqu'un tombe sur le pavé. Elle recule, elle retient un cri qu'allait arracher la frayeur. L'individu culbuté se relève... c'est un enfant, Louison se rassure; il s'approche, elle reconnaît Robert.

Le petit la reconnaît de son côté. Il veut lui parler; elle lui met une main sur la bouche : ce n'était pas le moment de causer. Il présente les siennes en suppliant; elle continue de marcher, et Robert de la suivre. La ville d'Evreux est grande comme une table de dix couverts; ils la traversent en un instant, l'un toujours suppliant, l'autre continuant à le forcer au silence.

Ils arrivent sous des arbres assez épais, à trente pas de la grande route, Louison pose son sac, s'assied dessus; Robert se met auprès d'elle, et l'explication commence. — Où veux-tu aller, mon ami? — Avec vous, madame. — Je ne sais moi-même où je vais. — N'importe, je ne vous quitte pas. — Tu m'embarrasseras, mon petit, et je ne peux te servir en rien. — Je ne vous embarrasserai pas, je vous obéirai. — Retourne plutôt obéir à ta mère; je vais te donner quelques louis. — C'est ce que je voulais faire tout à l'heure; mais ma mère me met au pain sec, et vous me caressez. — Retourne, mon ami, retourne chez ta mère, puisque tu as le bonheur de l'avoir, et suis aveuglément ses conseils. — Vous avez déjà le bras fatigué, madame; vous êtes à pied, vous ne pouvez porter longtemps ce petit sac. Je le porterai à mon tour, et vous ne renverrez pas Robert après qu'il vous aura rendu service. Madame, ma belle dame, ne me repoussez pas ! ne soyez pas insensible à mes prières ! Robert tenait les deux mains de Louison, il les baisait, il les mouillait de ses larmes. — Je ne résiste plus, dit-elle; mais nous faisons chacun une faute, toi, de m'accompagner, et moi de le permettre. Allons, lève-toi, et marchons : nous ne sommes pas bien ici.

Louison ne raisonnait pas ainsi dans les bras de son amant, quand la fortune lui souriait, lui présentait l'image du bonheur et lui dérobait l'avenir.

L'adversité nous force à descendre dans notre cœur, et nous rend juste envers nous et envers les autres. Louison, inquiète pour elle-même, ne se dissimulait plus le tort qu'elle faisait à Robert; mais sa raison était toujours soumise à son cœur.

Ils étaient à peine levés, qu'ils entendirent plusieurs chevaux galopant sur le pavé et venant droit à eux. Ils se jettent dans les terres, ils marchent à travers les champs, et le sac passe fréquemment du bras de Louison sur celui de Robert, et de Robert à Louison, trop faibles l'un et l'autre pour le porter longtemps.

Le jour commençait à paraître, lorsqu'ils se trouvèrent sur une grande route qui conduisait ils ne savaient où. Un jeune berger commençait à lever les claies de son parc, pour mener paître ses moutons, Louison, excédée de fatigue, l'aborde et lui demande s'il n'y a pas d'auberge dans les environs. — Là, à cent pas, sur le chemin de Rouen, répond le pâtre étonné de voir une belle dame courir à pied à cette heure. — Y est-on bien ? — Oh ! je le crois, madame : c'est là qu'arrête la diligence de Rouen. — Et quel est ce village, là-bas sur la droite? — Pacy, madame. — Et quel est le seigneur? — M. d'Amberville.

Louison s'éloigne, et Robert la suit en haletant. Il ne lève plus les jambes qu'avec peine. Il faut marcher, ou languir là d'inanition, et cette réflexion lui rend des forces.

Ils arrivent à l'auberge. Louison vient de Pacy; elle est attachée à madame d'Amberville; un cheval de la maison l'a conduite jusqu'à la grande route; elle vient attendre la diligence de Rouen, et elle va déjeuner en l'attendant. Quoi de plus vraisemblable?

On la fait entrer dans la plus belle chambre, et elle se met à table avec Robert. En allant et venant, l'hôte la regardait en souriant, et Louison ne voyait dans ce sourire répété qu'un hommage rendu à ses charmes; Louison se trompait. L'hôte était le filleul de M. d'Amberville; il connaissait la maison et tous les commensaux, et il y avait huit ans qu'il avait assisté aux funérailles de madame la comtesse. Il n'en servait pas Louison avec moins d'exactitude, parce que son argent valait celui d'une femme qui eût dit la vérité.

C'est ainsi que les gens du bon ton ne lèvent pas les épaules lorsqu'ils entendent un fripon d'importance parler probité, une prude s'échafauder sur sa vertu, un capitaine jurer que c'est à lui seul qu'est dû le gain de dix batailles, un magistrat protester qu'il a toujours été insensible aux charmes de ses sollicitantes, et cette modération de gens qui savent vivre n'a rien d'étonnant : il en est si peu qui n'aient à leur tour besoin de l'indulgence des autres !

La diligence se fit bientôt entendre, et un instant après, elle arrêta devant l'auberge. Quatre voyageurs en descendirent et se disposèrent à déjeuner aussi. C'était un abbé d'une très-jolie figure, qui avouait qu'il n'avait pris le petit collet que par amour des bénéfices; une marchande de modes, très-passable encore, et qui avouait avec la même franchise qu'un joli homme est un meuble dont une femme ne peut se passer; un officier qui s'appliquait le principe de la marchande; enfin un marchand de bœufs qui ne parlait ni de son métier, ni de ses ancêtres, mais qui disait à tout venant qu'il avait été à Paris acheter une charge de secrétaire du roi, pour faire entrer ses petits-enfants à Malte avec *dispense*.

Point de voitures publiques qui n'aient un original servant aux plaisirs des autres. Le marchand de bœufs était le plastron de l'officier et de l'abbé, lorsqu'ils ne cajolaient pas la marchande de modes, qui leur répondait à tous deux avec esprit et vivacité, et qui n'attendait peut-être que la couchée pour mieux faire.

L'aspect de mademoiselle Louison changea tous les projets. L'officier s'attacha exclusivement à elle; la marchande de modes se trouva réduite à son abbé, et ne s'en plaignait pas : une connaisseuse sait ce que vaut un abbé. Le marchand de bœufs causa avec Robert, dont l'esprit était précisément à sa portée. On ne s'ennuyait pas, on allait grand train, et on ne prévoyait rien de fâcheux.

Laissons rouler la diligence, et retournons un

Il leur parla en ces termes: Canailles, je vous ai... (page 16.)

lomont à Paris. Nous avons laissé le petit Rifflard lans les Champs-Elysées, les bras étendus vers son mi, qui courait, juché sur la malle des jeunes mants.

Rifflard ne voyait plus Robert, et ses yeux le herchaient encore. N'écoutant que son amitié, ne uivant que l'impétuosité de son âge, Rifflard fait n à-droite et prend sa course. Il oublie sa leçon du our, les prix qu'il a reçus l'année précédente, ceux uxquels il prétend à la distribution prochaine; obert seul l'occupe, il n'a qu'un désir, qu'un but, est de le sauver.

Son maître le voit entrer couvert de sueur, de poussière, les cheveux et les vêtements en désordre. Il aimait sincèrement cet élève, qui répondait parfaitement à ses soins, et qui honorait son école de succès distingués. Il s'inquiète, il interroge, il presse. Rifflard était aussi empressé de parler que le maître de l'entendre; mais il fallait qu'il reprît haleine avant de raconter ce qu'il avait vu, ce qu'il avait dit, ce que son ami lui avait répondu. Il finit par supplier son maître de courir chez madame Robert, et de la décider à prendre les mesures nécessaires pour retrouver le malheureux fugitif. Rifflard désigna la voiture derrière laquelle courait Robert, la malle sur laquelle il était perché; il n'oublia pas même la couleur des roues et des brancards.

M. Morisset, qui n'allait guère que de sa classe aux Champs-Elysées, et des Champs-Elysées à sa classe, présuma cependant qu'un exprès, de quelque manière qu'il partît, ne rejoindrait pas une chaise de poste qui avait deux heures d'avance, et qui pouvait avoir pris la route de Versailles, comme celle de Saint-Germain. Il pensait pourtant qu'on pourrait prendre des informations fructueuses dans les villes des environs, et que, puisque Ulysse avait retrouvé Achille, il n'était pas impossible de retrouver Robert.

M. Morisset fait sa barbe et passe sa chemise blanche : un maître d'école doit tout faire méthodiquement. Il se rend enfin chez madame Robert.

Elle était mère, elle pleurait; quoi de plus naturel? M. le directeur n'était point père; il craignait même de le devenir, car s'il eût tenu à la société, il eût cessé d'appartenir exclusivement à l'Église. M. le directeur combattait froidement les affections douloureuses qui agitaient madame Robert lorsque M. Morisset entra.

M. Morisset avait épousé une petite mère fraîche et dodue, qu'il aimait bien, à qui il avait fait cinq enfants, qu'il élevait de son mieux, et auxquels il était très-attaché. M. Morisset devait partager les peines de madame Robert, et il commença par s'affliger avec elle : c'était le moyen le plus sûr de se faire écouter.

Il passa ensuite aux réflexions, aux maximes, et il convainquit madame Robert que l'excessive sévérité n'est propre qu'à aliéner le cœur des enfants, à leur aigrir le caractère, à leur monter la tête, et à les jeter dans une suite d'erreurs et de fautes que des leçons douces, des manières affectueuses préviennent communément.

Le directeur répliquait que, puisque Jephté avait sacrifié sa fille innocente, on pouvait abandonner un mauvais sujet à son sort. Madame Robert répondit très-sèchement que Jephté avait fait ce qu'il lui avait plu, et qu'il ne lui plaisait pas à elle de sacrifier son fils, parce qu'il avait déchiré sa culotte. Le directeur, pénétré de cet axiome, qu'il faut savoir reculer pour mieux sauter, parut céder un moment. Mais comme l'administration d'une maison dévote appartient de temps immémorial au directeur, à commencer par Tartufe, qui était le directeur d'Orgon, celui de madame Robert se hâta de prendre des demi-mesures suffisantes pour la rassurer, et propres à favoriser les petits projets qu'il formait pour la suite.

Il fit monter le portier, asthmatique et boiteux, lui donna ses instructions, une lettre ouverte et pathétique, adressée à tous les maires des villes et villages par où il passerait. Il lui mit douze francs dans la main pour ses frais de route, et pria Dieu de bénir ses recherches.

Madame Robert n'avait pas oublié cette autre maxime : Aidez-vous, et Dieu vous aidera. Elle suivit jusqu'au bas de l'escalier le messager boiteux, glissa quatre louis dans la poche de sa veste, lui recommanda de monter en lapin sur toutes les voitures qui le dépasseraient, de ne se laisser manquer de rien et de faire diligence.

M. le directeur, très-pénétrant, devina à peu près ce qu'elle venait de faire, et parut ne se douter de rien. Le fameux *compelle* n'est en usage qu'à l'égard de ceux qu'on peut et qu'on veut écraser. Or, une béate qui a une bonne table, l'esprit faible, du tempérament et des formes, est une femme à ménager : ainsi pensaient du moins messieurs les directeurs de l'an 1734.

Celui-ci se rapprocha mollement, bénignement, saintement des affections maternelles. Il flatta, caressa; il arracha un sourire qu'obscurcissait une dernière larme. Femme qui sourit n'est pas fâchée qu'on la console, et M. le directeur avait toujours une consolation à ses ordres.

Vous sentez que le portier voyageant tantôt à pied, tantôt à côté de l'humble conducteur d'une triste guinguette, ne devait pas joindre le petit bonhomme courant en poste et en diligence. Ajoutez aux moyens insuffisants de l'exprès, les visites qu'il rendait scrupuleusement à tous les maires existants sur la route, le temps perdu en colloques inutiles, et vous ne serez pas surpris qu'à la fin du troisième jour, le courrier, fatigué de ne rien voir, de n'obtenir aucun renseignement, s'en revint clopin-clopant, comme il s'en était allé.

Il ne restait qu'une ressource à madame Robert, c'était de faire insérer des avertissements dans les Petites-Affiches, très-bien faites alors par l'abbé Aubert, j'entends la partie littéraire, car, pour le reste, il suffit de savoir à peu près l'orthographe. Ces avertissements ne produisirent aucun résultat, parce qu'il est difficile de reconnaître un enfant à son signalement, parce qu'en arrivant à Rouen, Louison avait remplacé la culotte déchirée et l'habit crasseux par un habillement complet et décent; enfin, parce qu'on prend peu d'intérêt aux maux qu'on n'éprouve pas, et que personne ne se donna la peine de s'enquérir du petit Robert.

Que fit madame sa mère? ce que toute autre eût fait à sa place. Elle prit son parti, et elle eut raison, car enfin son directeur lui restait, et une privation ne rend pas insensible à une jouissance.

Il y a toujours d'ailleurs un bon côté dans les événements les plus fâcheux. Il est clair qu'un enfant de dix ans, qui se permet une telle équipée, doit être à vingt un détestable sujet; et quel tourment plus cruel pour une mère que d'être constamment témoin des déportements de son fils? La Providence ne s'occupait-elle pas visiblement de cette mère infortunée, en lui épargnant un spectacle qui eût empoisonné ses derniers jours ? Eh! quel moyen plus sûr de marquer sa reconnaissance à cette Providence toujours attentive, que de donner chaque année aux pauvres ce qu'eût coûté un méchant garnement? Ainsi raisonnait M. le directeur, et les pauvres dont il parlait n'étaient pas ceux des hôpitaux, qui ne manquaient de rien alors, comme chacun le sait, mais ces pauvres qui ne sont connus que des ecclésiastiques, et auxquels ils remettent très-fidèlement les aumônes qu'ils reçoivent.

Madame Robert n'était pas précisément de l'avis de son directeur. Elle lui faisait observer que tous les jours elle mettait tant au plat des pauvres malades, tant à celui du saint-sacrement, sans parler de la broutille, telle que les plats de saint Roch, de saint Polyeucte et de sainte Marie l'Égyptienne. Elle voulait bien ajouter quelque chose à sa contribution journalière; mais sept à huit cents francs par an lui paraissaient un impôt exorbitant. Le directeur répliquait que plus grande est l'offrande, plus grand est le mérite. Madame Robert ne prétendait pas à un mérite transcendant; cependant comme une femme qui prend un directeur se met en tutelle, celle-ci fut amenée insensiblement à transiger, il fut convenu qu'elle donnerait cinquante francs par mois pour aumônes secrètes, et elle paya le trimestre d'avance.

Cela n'empêchait pas d'envoyer à M. le directour tantôt une pièce de toile de Hollande, tantôt quelques aunes de ras de Saint-Maur. Un autre jour, c'était le fin castor de Paris, ou la douzaine de rabats et la calotte luisante. Quant aux vins de dessert et aux liqueurs des îles, il les prenait à la maison, et madame s'en trouvait toujours bien.

Elle coulait doucement la vie entre Dieu et son ministre. Elle se trouvait si bien, qu'elle ne désirait rien de plus pour l'éternité. *Vanitas vanitatum!* Ces douces illusions devaient s'évanouir avant l'âge où une femme renonce au plaisir; âge malheureux, et pourtant inévitable, où on nous refuse inhumainement ce que nous ne pouvons plus procurer.

Madame Robert venait de congédier, avec une pension honnête, une vieille cuisinière qui ne pouvait plus remplir ses importantes fonctions. Elle avait pris pour la remplacer, la petite *Cocote*, sa filleule, poulette de dix-huit ans, qui venait de finir son apprentissage chez un fameux restaurateur de la rue Saint-Honoré. Le chef de cuisine était un égrillard, et on sait quel ascendant a un supérieur sur ses subordonnés.

Cocote était jolie, et M. le directeur connaissait tant madame Robert! Il voulut s'assurer si la petite remplacerait dignement Geneviève, et il descendait vingt fois par jour à la cuisine. Il levait les couvercles des casseroles; il voyait Cocote opérer; il lui donnait des conseils, les joues enluminées et les yeux baissés; mais ces yeux se levaient furtivement; ils dardaient le feu du désir au fond du cœur de la jolie cuisinière, et si elle rougissait à son tour, notre béat cherchait un bras arrondi, une main qui n'était pas très-mal. Il fallait quelque prétexte : les gens d'une certaine espèce n'avancent qu'avec précaution. C'était quelquefois une piqûre dont il fallait étancher le sang; c'était une lardoire qui manquait de régularité, et qui avait besoin d'être guidée. Alors on faisait mettre des gants pour ménager des doigts dignes d'être employés à un tout autre usage.

Homme qui attaque et fillette qui aime le plaisir sont bientôt d'accord. M. le directeur prévit son triomphe, et il hasarda de passer du bras arrondi à la direction du fichu. L'épingle de modestie était toujours trop haut ou trop bas, et pour la placer précisément où il fallait qu'elle fût, une main hardie se glissait sous le tissu. Si Cocote avait l'air de s'en apercevoir, on n'avait d'autre intention que de garantir le plus beau sein de la traîtresse épingle, et quelle élève de la rue Saint-Honoré peut prendre de tels soins en mauvaise part!

Pendant que tout cela se faisait en bas, madame récitait en haut le petit office de la Vierge, et comme monsieur n'avait encore rien de particulier avec Cocote, madame ne remarquait en lui aucun décroissement de ferveur.

Cependant un certain jour, ce jour-là madame assistait au salut, M. le directeur rentra tout à coup, pour prendre son bréviaire... non, c'était pour prendre une pêche à l'eau-de-vie. Cocote, qui n'aimait pas que les affaires traînassent en longueur, le prit par la calotte, et... et... etc., etc.

Ce soir-là, l'abbé se retira de meilleure heure que de coutume, et madame s'étonna un peu. Elle réfléchit pourtant que le plus brave homme peut n'être pas en état parfait tous les jours. Elle se coucha, comptant pour le lendemain sur un dédommagement qu'elle n'obtint pas, et elle s'étonna beaucoup. La troisième jour, elle s'étonna bien davantage. Elle sentit qu'on la réduisait à l'unité en faveur d'une beauté qui distribuait une *circulaire*, et elle éclata.

M. le directeur, très-embarrassé, essaya de se tirer d'affaire avec ses moyens usités. Il voulut persuader à madame qu'ils devaient tous deux s'applaudir d'avoir quelque rapport avec le saint homme Job. Madame répliqua vivement que Job, qui avait une femme acariâtre, avait pu courir la prétentaine; mais qu'elle, douce, belle et fraîche encore, ne devait pas attendre un tour aussi diabolique d'un homme pour qui elle avait trop fait. Le directeur se piqua, et madame, furieuse de la manière dont il prenait ses justes reproches, trouva dans sa colère la force de lui donner son congé.

Le directeur, désespéré de son imprudence et pénétré de ce qu'il perdait, entra à la cuisine, aborda Cocote et éclata.

Cocote exaspérée fut trouver son chef de cuisine, et elle éclata.

Le chef fut trouver sa bourgeoise, et il éclata.

La bourgeoise fut au salon trouver un mousquetaire, et elle éclata.

Le mousquetaire fut trouver la femme d'un fermier général, et il éclata.

La femme du fermier général fut trouver un duc et pair, et elle éclata.

Le duc et pair fut trouver une marchande de modes, et il éclata.

La marchande de modes fut trouver un père carme, et elle éclata.

Le père carme ne fut trouver personne, parce que certaine ursuline était morte pour n'avoir pas osé éclater.

Après tous ces éclats, il fallut que chacun prît un parti conforme aux circonstances. Laissons le père carme, la marchande de modes, le duc et pair, la femme du fermier général, le mousquetaire, la bourgeoise et le chef de cuisine, qui nous sont étrangers. Cocote fut chassée, comme de raison, et un écrivain du charnier des Innocents, qui la prit sous sa protection, la fit entrer aux étuves de Bicêtre. M. le directeur, après une retraite de quarante jours, fut obligé par ses supérieurs de quitter Paris; mais ils avaient eu soin de lui faire donner la direction d'un couvent de nonnes à Bordeaux. A la vérité, il fut obligé d'avoir quelques complaisances pour la vieille supérieure; mais par reconnaissance, elle fermait les yeux sur les assiduités de l'abbé près de madame de la Conception, et de certaine novice qui annonçait de grandes dispositions : ainsi tout le monde était content.

Madame Robert, dégoûtée des amours clandestines, et convaincue que le commerce des gens du monde n'est pas plus dangereux qu'un autre, épousa, après le délai nécessaire, un payeur de rentes, qui lui rendit la vie si douce, que, quatre ans après, elle fut emportée d'une indigestion, contre laquelle l'émétique et le thé se trouvèrent impuissants. N'anticipons point sur les événements. Nous reviendrons à la succession de madame Robert quand il en sera temps.

Louison écoutait, avec beaucoup d'intérêt, les douceurs que lui débitait l'officier. Elle l'avait toisé d'un coup d'œil : c'est toujours par là que commence une femme qui a de l'usage, et l'examen avait valu au jeune homme un surcroît d'attention.

Il attaquait, Louison se défendait, et elle grillait de se rendre. Elle n'opposait plus que cette molle résistance qui prépare une défaite. Le jour tombait, on approchait de Rouen, et il est facile de prévoir les suites d'une pareille conversation.

Tout à coup on entend une voix forte crier : Arrête, arrête ! Les postillons obéissent. Sont-ce des voleurs, ou la justice est-elle à la recherche de quelqu'un de ceux qui se sont réunis sans se connaître, et qui vont se quitter sans se regretter ?

L'abbé pâlit, parce qu'il était poltron... comme un abbé.

La marchande de modes pâlit, parce qu'elle était femme.

Louison pâlit parce qu'elle n'avait pas la conscience nette.

Le marchand de bœufs pâlit, parce qu'il avait une sacoche passablement garnie.

Robert pâlit, parce qu'il craignait d'être reconduit à l'école.

L'officier les prit tous sous sa protection, parce qu'il était brave.

La portière s'ouvre : c'est M. d'Estival qui se présente.

Il s'était éveillé, étendant les bras et cherchant sa Louison. Étonné de ne pas la trouver, il s'était mis sur son séant, et sa première remarque fut que son sac était disparu avec la belle. Louison lui plaisait beaucoup ; mais il tenait plus encore à ses espèces, et il lui semblait que mille louis pour une nuit, c'était payer un peu cher.

Il s'était levé. Il avait tant frappé à sa porte, qu'enfin on était venu lui ouvrir. Il avait envoyé chercher des chevaux de poste, et pendant qu'on les mettait à sa voiture, il s'habillait et réfléchissait au parti qu'il allait prendre.

Il n'était pas probable que Louison fût retournée à Paris. Elle y était connue, et la police sait y trouver ceux même qu'on ne connaît pas. Il n'était pas probable qu'elle eût pris des chemins de traverse, à pied, chargée d'un sac qui devait donner des soupçons. Il était plus vraisemblable qu'elle avait trouvé quelque occasion pour Rouen, d'où elle irait au Havre s'embarquer pour l'Angleterre. Ainsi raisonnait M. d'Estival, et il raisonnait juste.

Il avait fait partir un courrier en avant. Il payait bien les guides ; il allait comme le vent, et il ne lui avait fallu que quatre heures pour rejoindre la diligence. Il s'était proposé d'abord de la suivre jusqu'au bureau, d'examiner ceux qui en descendraient, et faire arrêter Louison, si elle s'y trouvait. Cette mesure était sage ; mais l'impatience de se remettre en possession de sa belle et de son sac, et cette fatalité qui fait échouer les vains projets des hommes... *Vanitas vanitatum!*

— Mademoiselle Louison est-elle ici ? — Qu'est-ce que c'est que mademoiselle Louison ? reprit l'officier. — Monsieur, c'est une jolie fille qui m'emporte mille louis, à qui je veux bien pardonner pour la dernière fois, si elle veut s'arranger franchement avec moi. Les mille louis firent ouvrir les oreilles à l'officier. — Il n'y a pas ici de Louison, fermez la portière, et fouette cocher ! — Pardonnez-moi, monsieur, mademoiselle Louison est là, à côté de vous, une main dans la vôtre. Je la reconnais à merveille à la lueur du crépuscule. — Madame est mon épouse, monsieur. Allez rêver plus loin. — Ah ! elle est votre épouse, monsieur ! et mon argent est sans doute aussi à vous, ce sac qui est là-bas, dans le coin ? — C'est une partie de la masse du régiment ; c'est une somme destinée aux remontes. — Le prouveriez-vous, monsieur ? — Faquin, prouveriez-vous le contraire ? — Qui êtes-vous, monsieur, qui me parlez ainsi ? — Hé ! morbleu, qui êtes-vous, vous-même ? — Je suis d'Estival, fermier général, et même honnête homme. — Attendez, je vais vous parler à l'oreille.

L'officier saute à terre et tire son cher oncle à l'écart. — Vous portez une épée. — Depuis trente-deux ans, monsieur. — Flamberge au vent, et en garde ! — Mais je ne me bats jamais. — Vous vous battrez. — Cela vous plaît à dire. — Vous vous tairez donc ? — Comme il vous plaira. — Ici et ailleurs ? — Soit. — Votre parole d'honneur. — Je vous la donne. — Si vous y manquez, j'irai vous chercher jusqu'au tapis vert, et je vous couperai la figure en présence de tous vos confrères. Vous vous nommez d'Estival : je ne l'oublierai pas.

Et en parlant ainsi, M. l'officier faisait siffler son épée nue autour du corps tremblant du pauvre financier. Il n'en fallait pas tant pour lui imposer silence. Il se retira les mains jointes, les genoux ployés, marchant à reculons jusqu'à sa voiture, dans laquelle il remonta, et il reprit aussitôt le chemin de Paris.

Il retrouva l'usage de ses sens dès qu'il fut éloigné de son officier. Il pensa qu'en le désignant aux bureaux de la guerre par son uniforme, sa taille, son âge, il serait facile d'en obtenir justice ; mais il réfléchit en même temps que sa position n'était plus celle où il se trouvait en arrivant à Évreux. C'était un oncle justement irrité des déportements de son neveu, et qui le faisait arrêter pour prévenir les suites de son libertinage : quoi de plus moral ? Ici, d'Estival n'était qu'un vieux libertin qui courait après une fille et l'argent qu'elle lui avait escroqué. L'affaire ferait du bruit, les rieurs ne seraient pas de son côté, et madame d'Estival n'était pas endurante. C'était une fille de qualité, sans fortune, qui avait daigné descendre jusqu'à lui ; qui avait pris dans sa maison le ton le plus tranchant, et qui ne lui permettait qu'une fois l'an d'user de ses droits de mari. Le pauvre d'Estival crut qu'il était prudent de se taire ; mais il résolut de se venger sur son neveu de cette série de disgrâces. En effet, il l'eût laissé jusqu'à sa majorité à Saint-Lazare, si madame, qui avait des vues sur lui, n'eût exigé sa liberté après un mois de détention.

La marchande de modes et l'abbé trouvaient un peu extraordinaire que M. l'officier eût retrouvé tout à coup sa femme, qu'il n'avait point paru connaître au déjeuner, et à laquelle il faisait la cour d'une manière qui n'annonçait pas les habitudes conjugales, lorsque M. d'Estival parut. Cependant, comme il est toujours prudent de ne pas se mêler des affaires d'un tapageur, et qu'il était égal à madame et à l'abbé que l'officier fût ou non l'époux de Louison, ils voulurent bien avoir l'air de croire la fable assez mal arrangée qu'il leur débita à ce sujet. Le marchand de bœufs s'endormit pour s'épargner la peine de penser. Robert ouvrait les yeux et les oreilles : il croyait sa compagne mariée au beau jeune homme avec qui il avait couru la poste. Il n'y comprenait rien.

Louison, à qui l'officier venait de rendre un service signalé, ne pouvait lui donner un démenti sans blesser à la fois la reconnaissance et son amour. Louison sentait l'avantage de marcher à l'avenir à l'ombre de cette redoutable épée ; Louison enfin, consentant à passer pour épouse, ne pouvait plus se dispenser d'agir en conséquence et elle bénissait la force des circonstances qui supprimaient les simagrées. Elle et son officier étaient parfaitement d'accord avant d'arriver à Rouen, et ils ne se doutaient pas que la marchande de modes et l'abbé fussent arrangés de leur côté. Le petit collet donne une adresse, une dissimulation!... Souvent une petite fille n'entend rien à un coup d'œil, ne sent pas l'intention d'une pression du genou ou du bout du pied ; mais une marchande de modes de trente ans!...

On arrive au bureau des diligences ; on s'empresse, on descend : personne n'a de temps à perdre. Louison s'étonne un peu en voyant son officier mettre ses épaulettes dans sa poche et elle ne peut s'empêcher de lui en demander la raison. Il lui déclare franchement qu'il n'a pas le droit de les porter ; mais qu'il n'en est pas moins un homme d'importance, un maréchal des logis et recruteur sur les quais de Rouen. Louison fait d'abord la grimace : mais elle réfléchit à l'instant qu'il était très-douteux qu'un officier l'épousât tout à fait, et qu'une fille un peu hasardée, mais fraîche et jolie, de plus propriétaire de mille louis, est un parti brillant pour un recruteur. Or, il n'est pas de fille faible qui ne désire remonter au rang des femmes estimables.

Notre recruteur habitait un modeste cabinet aux environs de la rivière. Il ne jugea point à propos de conduire sa nouvelle conquête dans ce réduit : il était bien aise de lui donner une certaine idée de sa magnificence... c'est elle qui devait payer. Il la conduisit à la meilleure auberge de Rouen. Il s'était galamment chargé des espèces et il avait donné son paquet à Robert.

La marchande de modes était assez embarrassée. Elle craignait de conduire son abbé chez elle, à cause de ses demoiselles, qui pouvaient jaser ; elle craignait, par la même raison, d'être reconnue dans une auberge, et ses craintes étaient fondées. Les caquets auraient donné de l'humeur à certain président au parlement, qui l'entretenait assez bien, et qui, pour être tout à fait à son aise, avait procuré au mari un emploi lucratif dans nos colonies.

Cependant, son abbé ne pouvait l'introduire au séminaire, et il fallait se décider à quelque chose. Femme galante n'est pas longtemps embarrassée. Celle-ci couvre sa tête et ses épaules d'une énorme machine faite de taffetas et de baleines, et qu'on nommait alors une *calèche*. Elle court après l'officier ; elle prend en riant aux éclats le bras dont il pouvait disposer ; elle conseille à l'abbé de marcher seul, pour éviter le scandale, et ils entrent tous ensemble à l'auberge.

Personne ne s'entend aussi facilement que ceux qui ont les mêmes goûts et qui font les mêmes folies. Le recruteur se chargea de commander le souper, de l'arrangement des lits, et pendant qu'on disposait tout, la marchande de modes s'était étendue sur un sofa, et avait ajouté à la précaution de la calèche celle d'un grand mouchoir blanc dont elle se couvrait le visage en se plaignant d'un mal de dents affreux.

Les filles de chambre, qui allaient et venaient, terminèrent enfin leur service et permirent aux quatre amants de se mettre à leur aise. L'ardent abbé dénoua, arracha le ruban de la calèche, embrassa sa divinité et lui présenta la main. Le recruteur plaça sa Louison ; Robert prit la place qui restait et on commença à souper gaiement.

Chacun, occupé de ses affaires, ne pensait pas à ce petit Robert, qui entendait, qui voyait bien des choses qu'il n'avait encore ni vues ni entendues. Il lui parut très-joli de faire l'amour, et, sans savoir encore précisément ce que c'était, il n'en forma pas moins le projet d'avoir une maîtresse aussitôt qu'il le pourrait.

On allait se retirer et procéder à la consommation de deux mariages qui n'étaient encore qu'ébauchés, lorsqu'il passa par la tête de la marchande de modes de réfléchir au lendemain. A dix heures du soir, c'est beaucoup qu'une nuit heureuse ; c'est peu de chose à six heures du matin : l'égrillarde avait éprouvé cela, et elle jugeait assez bien de son petit abbé pour croire qu'il lui conviendrait au moins trois mois. Elle prononça que M. le maréchal des logis devait s'indigner de n'être pas au moins sous-lieutenant ; et que ce qu'il avait de mieux à faire était de déserter ; que Louison ne serait jamais en sûreté en France, et que ce qu'elle pouvait faire de mieux était de s'expatrier ; que l'abbé, qui aimait les femmes et qui avait raison, finirait cependant par se faire enfermer, et que ce qu'il avait de mieux à faire était d'apostasier ? que, liée elle-même à un président libertin, mais qui n'était que cela, ce qu'elle avait de mieux à faire c'était de l'abandonner à sa bonne ou à sa mauvaise fortune. Ces observations furent trouvées très-judicieuses par des têtes déjà un peu échauffées par le bon vin ; en conséquence, et après une discussion assez bruyante, il fut arrêté à l'unanimité :

Que le recruteur et l'abbé se procureraient le lendemain des habits bourgeois, l'abbé pour se cacher, le recruteur, pour vendre secrètement le mobilier et les marchandises de la modeuse ; qu'on prendrait la poste jusqu'au Havre ; qu'on donnerait cinquante louis à un pêcheur qui passerait frauduleusement la société en Angleterre ; qu'on élèverait avec les fonds communs un superbe magasin de modes à Londres, que Louison attirerait les chalands par ses charmes jusqu'à ce qu'elle sût travailler ; que le recruteur et l'abbé feraient au fond l'amour à leurs femmes, et, pour la forme, les yeux doux aux douairières qui fréquenteraient la boutique ; que Robert porterait en ville, d'abord les adresses et ensuite les bonnets, pour donner de la maison une opinion de décence que n'obtiennent jamais les marchandes de modes, qui font trotter de jolies filles, ordinairement très-complaisantes.

Le quatuor, déjà ivre d'espérances, se divisa pour prendre un avant-goût des délices dont un plan aussi sage que lucratif assurait la continuité..... *Vanitas vanitatum!*

CHAPITRE II

Compliqué et très-gai. — Personnages et *Scenario*. — Louison et M. Belle-Pointe. — Futur abbé et marchande de modes. — Président, conseiller-clerc et demoiselles de théâtre. — Parties carrées interrompues. — Perruque brûlée, actrice giflée. — Quinze mille livres escroquées. — Président-Dragon. — Recruteurs, revendeurs à la toilette et gredines se volant à qui mieux mieux. — Oncle berné par son coquin de neveu. — Travertissements. — En diligence, puis en pleine mer. — Ce qu'on n'avait jamais vu à Dives et qu'on n'y verra plus jamais. — Stupéfaction du chef d'escadre commandant *la Minerve*. — La fin d'un coquin. — Le second chapitre narre tout cela et bien d'autres choses encore.

Robert dormait profondément ; le recruteur et Louison, satisfaits l'un de l'autre, se disposaient à dormir ; l'abbé, qui avait encore besoin d'un guide et qui en avait trouvé un excellent dans sa modeuse, avait mérité un honorable repos. Le sommeil réparateur allait distribuer également ses pavots, lorsque la marchande entendit quelques mots très-significatifs qui partaient d'une chambre voisine, séparée seulement de la sienne par une assez mince cloison.

Elle croit reconnaître une voix qui ne lui était pas très-chère, mais avec laquelle son oreille était dès longtemps familière. Elle se met sur son séant et l'abbé aussi ; elle écoute encore, et l'abbé a peur.

Elle jette draps et couverture au milieu de la chambre, et l'abbé tremble. Elle rallume sa bougie à la lampe à l'esprit-de-vin, qui ménageait un demi-jour utile aux amants et favorable à des appas de trente ans, et l'abbé se jette sous le lit. Elle s'habille avec la recherche et la décence les plus scrupuleuses, et l'abbé s'accroche, des pieds et des mains, au fond sanglé, le long duquel il se colle et où il se croit invisible. Elle ouvre la porte et sort, et l'abbé, fatigué d'une contraction de nerfs de cinq minutes, tombe de huit pouces de haut, et s'imagine que le bruit de sa chute va répandre l'alarme dans toute la maison. Il se roule, il se relève, il va, il court. Sa bonne fortune le pousse dans la chambre du maréchal des logis, qui dédaignait de fermer sa porte, parce que sa *colichemarde* était là sur sa table de nuit.

Une colichemarde était une lame d'épée, très-large par le haut, et qui diminuait de moitié, à un pied de la monture, par deux biais qui avaient la vertu d'écarter considérablement le fer ennemi, ce qui facilitait la riposte lorsqu'on avait eu l'adresse de parer. J'ai cru vous devoir cette courte explication.

Une fesse de l'abbé éperdu rencontre la pointe de la redoutable épée. Il jette un cri ; il croit que l'ange exterminateur le poursuit et va le punir de son incontinence. Il se jette dans le lit du recruteur, il s'y enfonce en disant d'une voix mourante :— Monsieur l'officier, protégez-moi!

M. l'officier se lève, passe son caleçon, prend son épée, frappe d'estoc et de taille, et s'étonne de ne rencontrer que des meubles et des lambris. Sa lampe d'une main, sa flamberge de l'autre, son bonnet de police sur l'oreille, les jambes et les pieds nus, il sort, il enfile une longue galerie. Il écoute, il n'entend que deux ou trois personnes qui causaient avec aigreur, mais qui paraissaient ne s'occuper que d'elles.

Qui diable a donc tourmenté, effrayé, luttiné ce pauvre petit abbé? L'officier s'approche de la chambre qui renfermait les causeurs ; il prête de nouveau l'oreille ; il est frappé de l'organe flûté de la marchande de modes, qui adressait des reproches sanglants à un homme qui la conjurait de se modérer, et qui implorait son indulgence. L'officier ne doute plus que cet homme n'ait enlevé la dame des bras impuissants de l'abbé, et, fidèle à ses devoirs envers les membres de sa nouvelle société, il ouvre, il entre, déterminé à faire sauter le ravisseur par la fenêtre.

Il voit la marchande de modes, qu'il croyait en chemise, comme lui, aussi soigneusement vêtue que si elle allait entendre une messe en musique ou un opéra nouveau. Il voit deux hommes habillés de noir de la tête aux pieds, le chef couvert d'une volumineuse perruque artistement peignée, et plus loin, deux demoiselles, interdites, confuses, assez jolies et un peu chiffonnées. Il ne sait que penser de tout cela.

Le sort de tout homme qui achète le plaisir est d'être trompé ; mais femme qui trompe ne veut pas l'être : l'amour-propre, en ce cas, tient lieu des sentiments du cœur. La marchande en avait assez entendu pour juger que son président était en partie fine. Elle savait l'avantage que donne sur un homme la conviction d'une infidélité. Il subit avec docilité le joug qu'on veut lui imposer ; il perd le droit d'éclairer la conduite de celle qu'il a offensée. Ces principes sont communs aux femmes de toutes les conditions, et ce qui était particulier à notre modeuse, c'est que ses reproches devaient amener le repentir, et le repentir un pardon, dont elle comptait toucher le prix comptant. Elle trouvait plaisant de faire payer à M. le président les frais du voyage et une partie de ceux de l'établissement projeté.

Elle avait pris, en entrant, le maintien et le ton d'une femme outragée ; elle avait éclaté ; elle soupconnaît depuis longtemps, disait-elle, l'affreuse vérité; elle faisait suivre le président. Avertie par ses espions, elle sortit de la maison où elle se tenait cachée depuis quinze jours; elle venait confondre un infidèle, et rompre avec lui sans retour.

Le président, attaché à sa maîtresse en proportion de ce qu'elle lui coûtait, le président, qui la croyait à Paris, et qui n'avait pas tort, n'avait pu résister à l'épreuve de l'absence. Il s'en dédommageait avec une petite actrice, que les bienséances de son état ne lui permettaient pas de voir chez elle, et qu'il trouvait le soir à cette auberge, dont le maître avait l'honneur d'être huissier, et était par conséquent le très-humble serviteur de tous les membres du parlement.

Celui-ci n'avait d'abord su que répondre aux reproches de sa belle: il était pris sur le fait. Il jugea pourtant qu'elle aimerait mieux pardonner une peccadille que renoncer au traitement qu'il lui faisait, et il voulut à son tour prendre un certain ton. La dame éleva la voix de manière à lui faire craindre que l'explication ne donnât une scène aux gens de la maison et même aux passants. Un soufflet, appliqué avec dignité par l'amante trahie à la déité nouvelle à laquelle le perfide rendait hommage, ajouta aux craintes du président, et le disposa à acheter la paix. — Ma bonne, ma toute bonne, mille écus ne peuvent-ils pas?... — Hé! monsieur, c'est bien d'argent qu'il s'agit! Et elle fait voler la perruque magistrale au plafond. La perruque retombe sur un lustre qui portait six bougies, et le feu la consume en un instant. Le président, coiffé en enfant de chœur, le président, désolé, tombe à genoux. — Ma bonne, ma toute bonne, cinq mille francs, six mille francs... Voilà où on en était lorsque le recruteur parut.

— Ah! faquin, vous interrompez le repos d'honnêtes voyageurs, et vous insultez les femmes! — Au contraire, monsieur l'officier, madame a soufflé mademoiselle, et a brûlé ma perruque. — Madame a sans doute eu ses raisons. Allons, qu'on l'apaise, et que tout cela finisse. — Hé! je ne demande pas mieux, monsieur l'officier. J'offre six mille francs... — Madame les refuse? ce n'est pas être raisonnable. — Je refuse, monsieur l'officier, parce que l'argent ne guérit pas les plaies de l'âme, et que... — Il guérit tout, madame. Terminons. Que monsieur compte ses espèces, et vous me direz après de quoi il s'agit. Ah! je vois ce que c'est. Vous êtes son épouse, sans doute; vous le surprenez avec ces donzelles; il vous fait des offres qui apaiseraient une femme plus jeune et plus jolie que vous, et vous êtes récalcitrante! Corbleu!... La marchande allait sérieusement se fâcher de ce compliment saugrenu, si elle n'eût réfléchi à l'instant qu'il éloignait toute idée de collusion. — Allons, décidez-vous, madame, reprit l'officier. Empochez vos six mille francs, et sortez tous: je veux dormir. — Mais, monsieur, je n'ai pas la somme sur moi. — Faites votre billet payable demain à heure fixe. Vous remarquerez qu'alors l'usage très-utile du papier marqué n'était pas aussi étendu qu'aujourd'hui.

Le président fait ce qu'on exige de lui, et il observe avec timidité qu'il est sans perruque, et que la nuit n'est pas assez avancée pour qu'il se hasarde à se retirer ainsi.

— J'arrangerai tout, dit le recruteur, quand ces demoiselles seront parties. Vous avez bien soupé, mes petites princesses, je le vois; allez vous dégriser ailleurs.

Les petites princesses, fort aises de se retirer de cette bagarre, ne se font point pas répéter l'invitation.

Le recruteur s'approche alternativement du président et de son compagnon, qui se tenait silencieusement à l'écart, à demi caché dans une large et profonde bergère. Il les regarde sous le nez... Hé! mais, que je me rappelle... Hé! oui, ce sont eux. — Vous avez servi, messieurs? — Jamais, monsieur. — Je suis depuis trente ans président au parlement. — Et moi, conseiller-clerc. — Chansons, messieurs, chansons: Je vous remets à merveille. Vous êtes déserteurs des dragons de Schomberg. — Je vous proteste, monsieur... — Un président, un conseiller! c'est bien dans le corps respectable du parlement qu'il se trouve des libertins à parties de filles. Qu'on marche, et qu'on me suive en prison. — Je vous jure, monsieur, que vous vous trompez, et que... — Si je me trompe, je vous relâcherai demain. — Et pensez-vous à l'esclandre abominable... — Et que m'importe à moi? — Un président sans perruque, un conseiller-clerc trouvés avec des filles! — Ce sont vos affaires. — Celle-ci nous perdra de réputation. — Je m'en moque. — Ne peut-elle pas s'arranger avec de l'argent? — Je suis sourd. — Cinquante louis? — Je suis sourd, vous dis-je. — Quatre mille francs? — En prison. — Cinq? — Marchez! — Dix? — Faites vos effets.

— Nous espérons au moins, monsieur, diront, en écrivant, le président et son conseiller, que notre acquiescement à vos volontés nous tirera de vos mains? — Soyez tranquilles, messieurs, je suis homme d'honneur. — Mais encore une fois, comment sortir d'ici sans perruque? — Je vais vous habiller en dragon, et personne ne vous regardera sous le nez. Vous donnerez le bras à madame, et vos domestiques jugent qu'elle introduit furtivement un galant, le pis-aller sera de passer pour ce que vous êtes peut-être, et ce que sont tant de gens qui valent mieux que vous.

Le recruteur reçoit les lettres de change, et retourne chez lui prendre un uniforme complet.

Une demi-heure s'était écoulée, et le calme profond qui régnait dans l'auberge avait dissipé la frayeur de l'abbé. Il est un âge où on a le don des miracles, et la chaleur du lit, et la fraîcheur des formes de Louison, et le charme de la variété, tout concourait à amener des effets dont le recruteur, en rentrant, resta stupéfait.

— Ventrebleu! l'abbé, nous sommes convenus de mettre nos biens en communauté; mais il n'est pas arrêté qu'elle s'étendrait jusqu'aux femmes! Vous êtes un fripon. — Monsieur l'officier, je dormais. — Ah! vous êtes somnambule? Allez, monsieur le drôle, allez dans votre chambre, où je vais vous enfermer à clef. Vous êtes bien heureux d'avoir notre secret; je vous mettrais dans l'impossibilité de jamais cocufier personne. Et vous, mademoiselle, que direz-vous pour votre défense? — Mon cher Belle-Pointe, si l'on n'a pas arrêté la communauté des hommes, on ne se l'est pas interdite, et j'avais une furieuse envie de savoir ce que vaut un abbé. — Voilà de la franchise, au moins. Mais, ma belle, vous allez solennellement renoncer à l'église, ou par la mort... — Mon ami, ce n'était qu'un mouvement de curiosité. Ces gens-là ont plus de réputation que de mérite, et ma foi, vive les dragons! — Je te pardonne, mon cœur. Aussi bien ne faut-il pas qu'une querelle de ménage nuise aux affaires essentielles.

M. Belle-Pointe prend l'accoutrement militaire, enferme le petit abbé, et retourne chez le président. Il le déshabille en un tour de main, et le fait entrer de force dans un habit trop long d'un pied, et trop étroit de six pouces. Il lui enfonce un chapeau bordé sur les yeux, lui met un sabre au côté, et lui souhaite le bonsoir. Le président suffoqué dans son habit, roide comme un pieu, inhabile à remuer les bras, se laisse conduire par sa fidèle marchande, et le conseiller-clerc ferme la marche.

Belle-Pointe a grand soin de s'emparer de l'habit noir, qui servira à prouver le délit, dans le cas où ses magistrats penseraient le lendemain à lui contester sa créance, ce à quoi ils ne pensaient guère, et il retourne près de mademoiselle Louison sceller la paix et soutenir la réputation de son corps.

Le conseiller-clerc s'en alla tout bonnement chez lui. Mais vous sentez que le président ne pouvait rentrer à son hôtel dans le grotesque équipage où il était. Il suivit sa maîtresse, chez qui il avait une portion de garde-robe, et surtout des perruques, pour remplacer celle du jour, qui était communément décoiffée.

Un souper poussé un peu loin, et des préliminaires très-piquants avec son actrice, devaient tourner au profit de la marchande. Elle marqua toute la vivacité que devaient faire attendre un raccommodement et une abstinence de quinze jours ; il est des femmes infatigables.

Notre pauvre Robert paraît complètement lié à une troupe de fripons, qui doivent en peu de temps lui communiquer des vices, et qui ne lui donneront pas l'exemple d'une vertu. La Providence, ou sa bonne étoile, ne le tireront-elles pas de leurs mains? Les étoiles ne se mêlent pas de nos affaires, et la Providence...

De moment en moment le petit fugitif se croyait plus heureux. Rien à faire; aller et venir à volonté ; n'avoir d'autre obligation que de se trouver aux heures des repas, obligation à laquelle nous soumet facilement un bon appétit; bonne chère, bon vin ; quelques caresses de mademoiselle Louison : avec cela, un paresseux gourmand peut supporter la vie.

Le recruteur ne perdit pas un moment, et partout il trouva des facilités. La ville de Rouen a sa friperie, qui ne vaut pas celle de Paris, mais où on peut cependant se donner à bon compte une tournure d'honnête homme, et c'est par là que Belle-Pointe commença. Il se rendit ensuite chez le conseiller et le président, auxquels il fit valoir le soin qu'il avait pris de se mettre décemment, pour qu'on ne soupçonnât point leurs relations avec des recruteurs. Ces messieurs balbutièrent une espèce de remerciement, et comptèrent les espèces en faisant la grimace.

Belle-Pointe, qui était plaisant parfois, leur fit observer, en mettant leur or dans sa poche, que lorsqu'on doit l'exemple de la décence, et qu'on veut être libertin, il faut s'attendre à certains accidents qui tournent toujours au profit de ceux qui n'ont rien à perdre. Le président et le conseiller eussent payé le double pour le petit plaisir de faire pendre l'observateur ; mais ils n'avaient pour eux que le fond, la forme leur manquait, et alors, comme aujourd'hui, la forme emportait le fond.

Madame du Rézeau, très-sûre que de quatre jours son président n'aurait de velléités, avait commencé par écarter les témoins au moyen d'une sotte querelle intentée à ses filles de boutique. Celles-ci, assez jolies pour compter sur la Providence, qui se composait pour elles des officiers de la garnison et des clercs de procureurs avaient fait aussitôt leur malle dans un mouchoir, et étaient parties gaiement, persuadées que jamais elles ne pourraient manquer de rien.

Belle-Pointe, maître du terrain, fondit dans la boutique, à la tête d'une douzaine d'escrocs et de coquines qui n'avaient pas précisément mérité la corde, mais qui étaient dignes d'être admis dans l'intimité d'un recruteur.

Il leur parla en ces termes : — Canailles, je vous ai souvent fait faire de bonnes affaires, parce que vous m'en avez procuré d'excellentes. Ce qu'il y a ici vous convient à tous ; mais je suis l'ami de madame, j'entends que vous vous comportiez en honnêtes gens, et vous payerez les choses les deux tiers de ce qu'elles valent. Mesdemoiselles qui avez des bonnets sales et des rubans reteints, vous les changerez contre de neufs. Toi qui as gagné il y a huit jours cent cinquante louis à un nigaud, et qui ne possèdes qu'un habit assez propre, tu prendras le lit, la commode, les deux glaces et les six chaises d'acajou. Toi qui, pour faire mourir de faim les malheureux à qui tu prêtes sur gages, es intéressé à donner à ton taudis un extérieur décent; tu prendras ces rideaux de taffetas, ce secrétaire, cette ottomane, ces fauteuils et le linge de lit et de table. Toi qui vis aux dépens des enfants de famille, que tu mènes à grands pas à Saint-Yon ou à Bicêtre, et qui dois finir au moins par les galères, tu prendras ces habits noirs et ces perruques, dont tu n'as que faire, j'en conviens ; mais je le veux ainsi.

Je vais fixer le prix de tous ces objets.

— Mais, monsieur Belle-Pointe, dit le prêteur sur gages, il est clair que madame médite une banqueroute frauduleuse, ou une fugue, et, en pareil cas, vous savez qu'il n'est pas d'usage de payer les choses... — *L'usage est fait pour le mépris du sage.* Paye, faquin! Qu'on lise les étiquettes que je mets à chaque objet, qu'on paye, et qu'on vienne enlever ce soir deux heures après le coucher du soleil. — Mais, monsieur Belle-Pointe... — Aimez-vous mieux que j'aille vous dénoncer à la police? Vous savez qu'elle a des bontés pour moi depuis l'aven-

Belle-Pointe descendit... (page 22.)

ture de cet inspecteur que j'ai fait boire pour l'enrôler, et le rendre gratuitement à son chef.

Cette menace fit trembler l'auditoire, sur lequel Belle-Pointe exerça dès ce moment un empire absolu.

L'argent palpé, les acquéreurs sortis, Belle-Pointe ferma la porte, et emmena madame du Rézeau à l'auberge, sans s'inquiéter de quelle manière ils se mettraient en possession du mobilier acheté. Un fripon n'est fidèle à ses semblables qu'autant qu'il en a encore besoin, et Belle-Pointe comptait sortir de Rouen dans deux heures, et n'y rentrer jamais. Il ne restait plus, en effet, qu'une voiture à louer, et l'abbé à travestir.

Le bon vin donne des idées heureuses, Belle-Pointe pensa en déjeunant que l'abbé, venant d'Étampes, pour entrer au séminaire de Rouen, n'était connu de personne en Normandie; que son habit et son petit air modeste donneraient une sorte de considération à la troupe, qu'il faudrait même l'enfroquer, s'il ne l'était pas; que de Rouen au Havre il serait... le jour, le neveu de madame du Rézeau, qui jouerait la retenue et la dévotion... autant qu'elle le pourrait.

Après ces derniers arrangements Belle-Pointe fit, en présence des sociétaires, l'agréable récapitulation des fonds de la société.

Environ 23,000 livres, provenant de M. d'Estival, ci.	23,000 liv.
Escroqué au président par madame du Rézeau, 6,000 livres, ci.	6,000
Escroqué, par lui Belle-Pointe, au président et au conseiller-clerc, 10,000 livres, ci.	10,000
Escroqué à des escrocs, par vente de mobilier, 3,000 livres, ci	3,000
TOTAL.	42,000 liv.

Tous les membres de la société se réjouirent à l'aspect de cette somme très-rondelette, et qui ne leur coûtait pas cher, et tous sentirent qu'il n'y avait pas de temps à perdre pour suivre leurs projets, parce qu'enfin M. d'Estival pourrait faire quelque nouvelle tentative, les membres du parlement essayer quelque coup de dessous, et les acquéreurs du mobilier s'étonner de voir la maison de madame du Rézeau fermée. Belle-Pointe, qui avait tout mené, était de tous celui qui risquait le moins, parce que son régiment était à Besançon, qu'il était son maître à Rouen, et que la police de ce temps-là fermait les yeux sur certains tours de passe-passe des recruteurs qui avaient l'adresse de procurer de beaux hommes au roi.

Convaincu cependant de la nécessité de disparaître avec ceux auxquels l'attachaient l'intérêt et l'amour, Belle-Pointe alla sur-le-champ s'arranger avec un loueur de carrosses, de chez qui il revint dans une bonne berline tirée par deux vigoureux chevaux.

La vache reçut les effets de corps de la société, qui ne ressemblaient pas mal à ceux d'une troupe de comédiens ambulants. Une épée et des rabats, des dentelles et des souliers, des chapeaux à plumes et des chemises sales : il ne manquait qu'un singe et un perroquet.

On allait monter en voiture avec la sécurité de gens qui comptent maîtriser la fortune; mais ici devait commencer le chapitre des accidents : celui-là est long pour bien du monde.

Le père de notre petit abbé n'avait pas préféré sans raison le séminaire de Rouen à celui de Saint-Sulpice. Le supérieur des lazaristes de Rouen était son frère, et il y avait lieu d'espérer qu'il surveillerait la conduite du jeune homme, et qu'il pousserait ses études avec plus de soins que ne lui en eût vraisemblablement accordé un étranger.

Le papa avait conduit jusqu'à Paris l'enfant précieux destiné à être un jour l'un des flambeaux de la sainte Église; il l'avait mis dans la diligence, après lui avoir donné sa bénédiction, et lui avoir recommandé d'avoir toujours devant lui la crainte de Dieu.

L'enfant avait promis tout ce que le papa demandait, et en eût tenu quelque chose, si le diable, sous la figure de madame du Rézeau, n'eût combattu la grâce suffisante qui finit par ne pas suffire.

La diligence partie, une larme paternelle furtivement essuyée, le cher père avait pensé qu'il ferait bien de prévenir son cher frère de l'arrivée de son cher fils, et il avait pris chez le premier épicier la feuille de papier à lettre et le pain à cacheter. Il était entré au premier café, où il avait écrit longuement en prenant un petit verre.

L'épître avait été jetée dans la boîte, précisément une demi-heure après l'expédition des paquets; ce qui fit que le cher oncle ne l'avait reçue que vingt-quatre heures après l'arrivée du cher neveu.

Le lazariste était un bon homme, qui ne s'entendait qu'à mener son séminaire, qui le menait bien, qui sortait peu, et qui, hors de son enceinte, ressemblait assez à un voyageur égaré dans un bois.

Il était allé aux diligences, et, la lettre de son frère à la main, il avait demandé son neveu, comme il eût réclamé une somme expédiée par la poste. On lui avait répondu qu'on ne trouvait pas les voyageurs à bureau restant; que tel nom était effectivement porté sur la feuille, mais que l'individu et sa valise n'étaient plus au bureau. Le cher oncle s'inquiète; il ne comprend pas comment son neveu, très-simple et très-pur, à ce que disait son père, ne se soit pas fait conduire au séminaire, et il se décide à le chercher dans les auberges, dans les cafés, dans les bouchons.

Après mille et une courses, et autant d'informations inutiles, le bonhomme entra enfin dans la cour de notre auberge, devant laquelle il était passé dix fois, ne supposant pas qu'un enfant, qui n'avait d'argent que ce qu'il lui en fallait pour se conduire, pût s'être logé dans une maison d'une telle apparence.

Les premiers objets qu'il aperçoit près de la berline sont deux femmes très-éveillées, très-jolies, et il baisse les yeux. Il les relève cependant, parce qu'il sait que, les yeux baissés, on ne trouve que des épingles. Les siens se portent sur un jeune homme de bonne mine, qu'il va aborder et questionner, le dos courbé et le chapeau à la main, lorsqu'il voit, à quatre pas, l'Amour en cheveux ronds et en petit collet. Il appelle l'abbé par son nom; l'abbé se tourne, et frémit en reconnaissant l'uniforme de Saint-Lazare.

Le jeune homme de bonne mine était M. Belle-Pointe, qui n'avait rien perdu de cette scène préliminaire, et qui prévit aussitôt quel dénoûment elle pouvait amener. Il prit le cher oncle à part.

— Monsieur, j'ai mangé ici à table d'hôte avec ce petit abbé qui paraît vous intéresser, qui n'a pas de vices, et qui est retenu ici par les attraits de cette dame que vous voyez là-bas, que je crois très-sage, et qui n'en est que plus dangereuse pour ce jeune homme. Il nous a confié qu'il devait entrer au séminaire de cette ville, dont son oncle est supérieur. — Cet oncle, monsieur, c'est moi. — Moi, monsieur, je suis notaire apostolique, et je ne néglige aucune occasion d'être utile au clergé. J'allais vous trouver et vous instruire de ce qui se passe. Vous voilà : entendons-nous sur les moyens de ramener votre neveu à résipiscence. — Mais, monsieur, rien ne me paraît plus simple. Je vais me nommer, lui ordonner de me suivre, et lui infliger une punition de huit jours pour avoir jeté un œil profane sur madame. — Non, monsieur, ce n'est pas cela qu'il faut faire. La tête de votre neveu est montée. Il pourrait joindre, à des torts jusqu'ici assez légers, le tort plus grave de la désobéissance; et quelles seraient vos ressources si votre autorité était méconnue ? — Vous avez raison. — Retirez-vous. Je vais lui proposer une promenade. — Mais, monsieur... — Retirez-vous. Il ne connaît pas la ville... — Mais, monsieur... — Retirez-vous. Je le conduirai au séminaire ; j'y entrerai sous un prétexte quelconque ; il me suivra, je le conduirai au portier ; vous paraîtrez ; une remontrance douce et l'absence de l'objet aimé feront le reste. — Ah ! monsieur, que de remercîments !... — Vous ne m'en devez aucun, je vous assure. J'ai un fils, monsieur, qui, dans quelques années peut-être, aura besoin à son tour d'un ami sage et prudent. — Vous le destinez à l'Église ? — C'est, je crois,

l'état le plus parfait. — Avec quel plaisir je vous rendrais ce que vous faites aujourd'hui pour moi !
— Retirez-vous donc, n'ayons pas l'air d'intelligence. — Je me retire, monsieur, et je vais vous attendre.

Va-t-on voir s'ils viennent, Jean !

Belle-Pointe saute sur une roue ; il ouvre la vache ; il prend au hasard une robe, un bonnet et des souliers de femme : — Louison, l'abbé, suivez-moi : il n'y a pas un instant à perdre.

Il remonte avec eux dans sa chambre. — Mademoiselle, faites-moi, en deux tours de main, une jolie fille de ce beau garçon-là. On jette la calotte dans un coin, le rabat dans un autre, le manteau et l'habit au feu. On détache les épingles noires, on transforme la couronne de cheveux en chignon, on couvre le fer-à-cheval du bonnet, un peu de travers, mais qu'importe ? L'abbé s'enfile dans la robe ; Louison chausse un pied, Belle-Pointe l'autre. Il les prend tous deux ; il les pousse devant lui jusque dans la voiture ; madame du Rézeau s'élance ; le recruteur la suit, la portière se ferme. Les voilà partis.

Après le plaisir de manger l'argent des dupes qu'on a faites, le plus piquant est de s'en moquer, pour d'honnêtes gens comme ceux qui roulaient dans la berline. Aussi Louison, Belle-Pointe et madame du Rézeau ne cessaient de rire, et de M. d'Estival et de sa pacifique épée, et du président et de sa perruque, et du conseiller-clerc et de sa continence, et des petites actrices houspillées et non payées, et des coquins qui avaient acheté des meubles dont probablement ils n'auraient jamais rien, et du lazariste qui attendait son neveu au séminaire. Les éclats de rire n'étaient interrompus que par les baisers donnés par Belle-Pointe à Louison, et par madame du Rézeau à son abbé, qui ne les recevait plus avec la même sensualité depuis que Louison la curieuse avait bien voulu lui servir d'objet de comparaison. Robert riait quand il voyait rire, et il eût volontiers baisé s'il eût eu sa baiseuse, car son entendement se perfectionnait d'heure en heure ; et puis nous apportons en naissant certain je ne sais quoi que les bonnes gens appellent le péché originel, dont on nous purge, pour un petit écu et des dragées, avec un peu d'eau et un grain de sel, qui n'empêchent pas le péché originel de devenir mortel et de se multiplier à l'infini jusqu'à ce que nous devenions saints par l'impuissance de pécher.

En riant et en baisant, la troupe joyeuse arriva dans la capitale d'un ancien royaume, bien supérieur à l'empire des Assyriens, car Babylone est perdue sous les ronces, et Yvetot est plus florissant que jamais. Je sais que l'histoire ne place aucun roi d'Yvetot à côté de Sémiramis, je ne sais même si elle nous a transmis le nom d'un de ses illustres souverains ; mais je sais qu'un village debout vaut mieux que cent villes ruinées.

Nos voyageurs ne se souciaient pas de s'arrêter dans cette ville, qui n'offre à l'étranger aucun monument digne de sa renommée. Ils avaient d'ailleurs pour suivre leur route de bonnes raisons, détaillées dans le chapitre précédent.

Leur cocher avait les siennes pour arrêter. Ses chevaux et lui avaient besoin de dîner, et partout on est soumis aux fantaisies d'un cocher de louage, qui trotte ou va le pas, qui descend pour monter une côte ou s'arrête pour boire le petit coup. On crie, on tempête, on n'entend rien. A une demi-lieue des barrières, il est absolu comme un capitaine de vaisseau à sortir de la rade. Il n'y a de différence que dans la forme, et l'on sait bon gré au cocher qui veut bien mettre dans les siennes un peu d'aménité.

Il fallut donc dîner à Yvetot, et l'on dîna si bien qu'il était très-tard lorsqu'on arriva à Bolbec.

Il eût été fort agréable d'entrer au Havre la nuit, de n'être remarqué de personne, de vaquer le lendemain à ses affaires, comme si on eût été dans la ville depuis trois mois ; mais l'intraitable cocher prétendit que ses chevaux ne pouvaient aller plus loin.

On arrangea le coucher comme la veille, à cette différence près que l'abbé avait eu pour la forme son cabinet particulier, et que madame du Rézeau venait tout simplement de se faire donner un lit pour elle et sa nièce, parce qu'elle avait peur. La nièce avait regardé en soupirant Louison, qui se retirait avec Belle-Pointe ; mais à dix-huit ans l'objet présent est toujours préféré, et la tante en fit la douce expérience. Du reste, pas d'événements jusqu'au lendemain que ceux que vous pouvez prévoir, et dont une plume chaste ne parle jamais.

Il était environ midi lorsqu'on arriva au Havre. C'est l'heure où les oisifs et les curieux courent les rues d'une ville tumultueuse et bruyante. L'auberge où s'arrêta la berline était sur le quai. Elle fut aussitôt entourée d'une race d'hommes qu'on trouve partout et qu'à Paris on nomme des *badauds*. Belle-Pointe sentit la nécessité d'inspirer de la considération pour éviter les questions dangereuses et le bavardage. Il savait que l'admiration exclut le raisonnement, et voilà pourquoi on admirait en 1731 des gens qui n'eussent pas soutenu l'examen de la raison. Notre déserteur n'avait pas oublié qu'un petit abbé, prêt à monter en voiture à Rouen, avait été remplacé par une demoiselle tombée des nues, et, pour prévenir une indiscrétion, il paya au cocher le double du prix convenu, à condition qu'il sortirait à l'instant même de la ville. Il jeta une poignée de monnaie blanche à quelques gueux qui le serraient de près et qui l'appelèrent *monseigneur*. Il demanda le plus bel appartement et commanda un grand dîner. Il monta l'escalier, les épaules élevées, l'air dédaigneux, questionnant sans cesse et n'attendant pas la réponse. Les observateurs se retirèrent persuadés que les arrivants étaient des personnages d'importance, et les égards de l'hôtelier furent en proportion de la dépense qu'on annonçait devoir faire. Tout était prévu, tout allait de suite ; que pensez-vous qu'on eût à craindre ?

A l'un des balcons qui donnaient sur le port, était un chef d'escadre nommé capitaine général de la Martinique et des îles voisines. Il n'attendait qu'un vent favorable pour s'embarquer à bord de la frégate la *Minerve*, qu'on avait frétée au Havre pour le porter à son nouveau gouvernement.

Il était difficile à nos aventuriers d'en imposer à un homme qui tenait à la première noblesse et qui avait le ton le plus distingué. La grandeur un peu gauche de M. Belle-Pointe, l'air assez bourgeois des dames, quelques tournures de phrase qui n'annonçaient pas une éducation soignée, une voiture de louage enfin, ne s'accordaient pas avec les prétentions qu'affichait la petite société.

Cependant, comme la beauté exerce partout un empire indépendant du rang, M. d'Estouville avait lorgné la petite nièce qui descendait de voiture, et qui lui avait paru assez bien pour qu'il s'empressât de passer à une croisée qui ouvrait sur la cour.

Ce second examen fut plus favorable encore à la prétendue demoiselle et messieurs les marins ne connaissent guère de l'amour que la jouissance. La rapidité de leurs courses, l'incertitude du lendemain, leur font dédaigner ces préliminaires si séduisants pour nous habitants des cités, et qui pourtant ne sont pas d'une nécessité indispensable. M. d'Estouville, qui pouvait s'embarquer le soir, le jour même, crut n'avoir pas de temps à perdre, et pouvoir brusquer l'aventure avec des femmes qu'il jugeait d'une condition très-inférieure à la sienne.

En conséquence, il envoya son valet de chambre saluer de sa part les dames et leur demander la permission de se présenter chez elles.

Il était difficile qu'elles se refusassent à l'honneur que voulait leur faire un officier général, cordon rouge, gouverneur de quatre à cinq colonies, et le valet de chambre n'avait oublié aucune qualité.

M. d'Estouville entra avec l'aisance et les grâces d'un homme de cour, et il se plaça près de la petite nièce, dont la toilette avait été calculée à l'effet, d'abord à Yvetot, et perfectionnée à Bolbec.

On se rappelle combien nos seigneurs étaient aimables quand ils voulaient plaire, et avec quelle adresse ils faisaient passer une proposition impertinente. Après un quart d'heure de conversation, la petite savait que le chef d'escadre voulait coucher avec elle, et madame du Rézeau, qu'il comptait sur sa complaisance, quoiqu'il n'eût rien dit de tout cela.

Oh! si le petit abbé eût été réellement une nièce!... Madame du Rézeau n'était cruelle ni pour elle ni pour les autres; mais dans l'impuissance où elle était de favoriser les vœux de M. d'Estouville, elle crut n'avoir rien de mieux à faire que de jouer à la matrone vigilante et pudique, et elle sauta à cheval sur sa vertu. M. d'Estouville rit, plaisanta, persifla en donnant à entendre qu'il ne tenait pas à cent louis ni à une fort belle bague qu'il portait au doigt. Oh! si ses vœux avaient pu se tourner vers la tante, comme il eût été pris au mot!... c'est une réflexion que faisait madame du Rézeau, et elle soupirait en jouant tant bien que mal l'indignation et en priant d'une manière assez crue le cordon rouge de se retirer.

M. d'Estouville, à travers les propos, les gestes, les mines, avait cru entrevoir le manège. Il jugea en sortant, ou que ses offres avaient paru modiques, ou qu'on voulait lui donner une certaine idée de soi en différant sa victoire. Dans l'un ou l'autre cas, le succès ne lui paraissait pas douteux; mais il fallait se hâter de vaincre, et il se consultait avec son valet de chambre, homme aussi utile qu'intelligent, lorsque le vent changea.

Le limier trouva très-plaisant de frustrer la tante des honoraires sur lesquels elle comptait peut-être déjà, et de faire passer la bague à la petite. Il conseilla à son maître d'écrire aux dames un billet qui exprimerait le regret qu'il avait de les avoir mal jugées, le plus vif désir de réparer ses torts et l'invitation de venir lui en accorder le pardon à un dîner qu'il donnait en rade à madame l'intendante et au corps des officiers de la marine.

Les fripons ne se défient guère de la justice, dont les membres vivent de procès et de pendaisons. Ils se croient fort au-dessus des autres hommes, qu'ils dupent si facilement! ainsi nul soupçon des menées du valet de chambre, et le moyen de ne pas saisir l'occasion de jouer une fois en sa vie la femme comme il faut, et de refuser de dîner avec madame l'intendante de la marine et la première noblesse de France! Belle-Pointe d'ailleurs compta tirer un grand parti de cette circonstance. Il résolut de sortir le soir du port, avec son argent, sous le prétexte d'aller prendre sa femme à bord de *la Minerve*, et de composer ensuite l'épée à la main, avec le patron de barque, lorsque les dames y seraient descendues.

On répondit donc au billet par un autre, sans orthographe, qu'on oublierait volontiers un écart fait sans réflexion, que partout on rencontrerait avec plaisir M. le chef d'escadre rendu à la décence et à la raison, et qu'on avait l'honneur d'accepter l'invitation.

La tournure du billet convainquit M. le gouverneur qu'il ne s'était pas trompé dans ses conjectures, et qu'il n'enlèverait qu'une grisette, peccadille que pouvait alors commettre un homme comme lui avec impunité.

Pendant les allées, les venues, les dissertations, les toilettes, la marée montait, et le capitaine de la *Minerve* faisait mettre sous voiles. On tira le coup de canon de départ, et le chef d'escadre fut offrir la main aux dames.

Il fallait voir madame du Rézeau se rengorgeant au bras de M. d'Estouville, qui donnait l'autre à la nièce, à qui il pressait amoureusement le bout des doigts; il fallait voir Louison, souriant de l'air le plus gracieux aux sornettes que lui débitait monsieur le secrétaire; il fallait voir l'embarras et la rougeur de l'abbé, qui ne savait que répondre aux petits mots et tendres œillades qu'on lui adressait.

Le valet de chambre avait pris les devants. Lorsque l'officier général et ses dames furent passés sur la frégate, on démarra et on sortit du port à pleines voiles. Le temps était superbe. On devait, après le dîner, mettre en panne et pêcher en jouissant de la vue pittoresque des côtes du Havre et de Honfleur. Madame l'intendante se récriait sur les agréments que promettait cette soirée; elle protestait que le chef d'escadre était un homme divin; elle proposait de terminer la fête par un bal gai et sans prétention qu'elle donnerait à l'intendance. Le corps des officiers de la marine, composé de ceux qui montaient la frégate, était instruit par le valet de chambre. Empressés de faire leur cour au chef, ces messieurs se prêtaient à cette comédie, et contribuaient par la plus aimable politesse à tourner la tête à nos friponnes et à écarter le soupçon. Enfin on se rendit à la chambre du conseil, où un dîner somptueux était effectivement servi.

La bonne chère, une pointe de vin, les fumées de l'amour-propre, faisaient oublier à nos dames la traversée d'Angleterre. La marchande de modes, qu'on cajolait moins que Louison, fit enfin un retour sur elle-même et s'avisa de penser aux affaires essentielles. Elle jugea que l'heure à laquelle Belle-Pointe et sa barque devaient paraître était peut-être écoulée. Elle réfléchit que le coquin pouvait saisir l'occasion de s'approprier les fonds communs. Ce que c'est que se bien connaître! La dame frémit, pâlit, et sa pâleur lui fournit le prétexte d'aller sur le gaillard respirer le grand air. Dès ce moment chacun jeta son masque.

Il était inutile de feindre davantage, puisque l'éloignement des côtes dévoilait un projet quelconque qu'il fallait finir par déclarer. Or, qu'importait une heure de plus ou de moins? Madame du Rézeau, instruite, jetait les hauts cris, et messieurs de la marine lui riaient au nez. Louison accourut, écouta et tempêta. Elle était jolie; on l'embrassa en lui claquant... non, les deux joues. L'abbé voulut suivre ses compagnes. On lui montra la chambre qui lui était destinée; on le pria d'y entrer et on l'y enferma. Il collait ses lèvres vermeilles au trou de la serrure. Il disait en pleurant: — Vous vous trompez, monsieur le marquis, je ne suis pas ce que vous pensez. — Si fait, si fait, ma petite, je juge de la nièce par la tante. Nous nous reverrons ce soir, et pas de simagrées, je ne les aime pas. L'abbé continuait de parler, et monsieur le gouverneur s'était tourné vers madame l'intendante, qui chantait en vidant un grand verre de rhum et en jurant qu'elle ferait volontiers le voyage des deux Indes. M. d'Estouville lui mit un louis dans la main, lui dit qu'on n'avait plus besoin de ses services, et qu'on la descendrait à Dive avec les tapageuses de là-haut.

Il était égal à madame l'intendante d'être à Dive ou ailleurs. C'était une vertu, usée par messieurs les gardes de la marine, qui se trouvait bien partout où il y avait des hommes et de l'argent. Louison et la du Rézeau pensaient un peu comme cela. Mais les quarante-deux mille francs! une fortune toute faite! Retrouveraient-elles Belle-Pointe, ne le retrouveraient-elles pas? Quel fonds inépuisable de conjectures!

M. d'Estouville, qui les avait jugées, mais n'était pas au courant de leurs affaires, ne pensa point à renouveler l'offre des cent louis si fièrement rejetés, et qui pourtant seraient venus fort à propos. Il fit mettre le canot à la mer, et il pria très-sèchement les dames de s'y laisser porter.

Des vociférations, des jurements, des égratignures, et pas un mot de cette nièce à laquelle on prenait tant d'intérêt quelques heures auparavant, telle fut la dernière scène que donnèrent madame du Rézeau et Louison. Madame l'intendante riait et chantait, et nos trois belles, riant, chantant, pestant, jurant, furent débarquées et livrées à leur bonne fortune sur le strand de Dive, d'où le canot s'éloigna à force de rames pour prévenir certaines explications par-devant le greffier du lieutenant criminel du lieu.

Nous avons vu Belle-Pointe enchanté de n'être pas d'un dîner qui lui donnait le temps de terminer ses préparatifs et un prétexte naturel de sortir du port quand cela lui plairait. Il s'était arrangé publiquement avec un pilote du Havre, qui devait le conduire à bord de *la Minerve* pour y prendre et ramener sa femme, qui avait l'honneur de dîner en rade avec les personnes de la ville les plus distinguées.

Cependant la frégate était à peine sortie du port que l'imagination du recruteur avait été frappée de la facilité et des avantages de s'emparer de la totalité des fonds. Louison lui plaisait beaucoup; mais Belle-Pointe savait faire des sacrifices à la gloire, et qu'y a-t-il de plus beau que de vaincre ses passions? Il pensait d'ailleurs que partout on trouve de jolies femmes, et que rien n'est aussi piquant que la nouveauté. Pour le petit Robert, qui n'était qu'un témoin dangereux de beaucoup de fredaines, il jugea prudent de l'oublier à l'auberge.

La Minerve, qui s'éloignait vent arrière, lui suggéra l'idée heureuse d'ajouter encore à la crédulité générale. Il se mit à courir les quais en levant les yeux au ciel, en faisant semblant de s'arracher de la main qui ne portait pas sa valise une ou deux poignées de cheveux, et en criant que M. le gouverneur lui enlevait sa femme et deux dames de ses amies. On avait vu passer M. d'Estouville donnant le bras à l'abbé et à madame du Rézeau, et la frégate manœuvrait de manière à justifier les plaintes du recruteur.

Le peuple ne manque jamais de se soulever contre les grands quand il peut le faire avec impunité, et M. d'Estouville était loin. Belle-Pointe fut bientôt entouré d'une populace qui l'escortait en le plaignant et en invoquant contre le chef de l'escadre la justice divine et humaine.

L'attroupement augmentait de minute en minute; les plaintes se convertissaient en menaces; on parlait déjà d'incendier les vaisseaux du roi, si on n'en faisait à l'instant partir un ou deux pour arrêter et ramener *la Minerve*. Belle-Pointe trembla de ne pouvoir plus partir, lorsqu'il entendit quelques voix désigner l'époux outragé en qualité de chef des insurgés. Il se repentit amèrement d'avoir porté trop loin la vraisemblance.

Le capitaine du port, effrayé de ce mouvement, prit un piquet de la garde, fendit la presse, s'avança vers Belle-Pointe et lui ordonna de s'embarquer à l'instant: il ne demandait pas mieux. Le capitaine savait bien qu'une chaloupe à rames ne joindrait pas *la Minerve*; mais il savait aussi que lorsque les mutins auraient perdu la barque de vue, ils se disperseraient insensiblement; et ce moyen de rétablir l'ordre lui paraissait préférable à celui des baïonnettes et de la mousqueterie.

Belle-Pointe, toujours se plaignant, se désespérant, descendit dans la chaloupe avec sa valise, que sa douleur lui faisait serrer plus étroitement que jamais.

Le pilote qui le conduisait pensait, comme le capitaine du port, que les trois dames allaient voir le bonhomme Tropique; mais il avait reçu à l'oreille et en deux mots l'ordre de rentrer à la nuit, et Belle-Pointe devait à son retour recevoir celui de sortir aussitôt de la ville. Vains projets! *Vanitas vanitatum!*

Belle-Pointe, qui n'oubliait rien, s'était muni d'une excellente paire de pistolets à deux coups, et il avait l'épée au côté. A une demi-lieue du port, il tira ses armes de dessous son habit et il s'exprima ainsi :

— Vous êtes cinq et je suis seul; mais voilà de quoi en expédier quatre, et mon épée me fera raison du cinquième, si vous me résistez. Je veux passer en Angleterre : choisissez de vingt-cinq louis ou de la mort!

L'argument était pressant. De pauvres matelots ne sont jamais sincèrement fâchés qu'on les force, le pistolet sur la gorge, à gagner vingt-cinq louis. Le pilote, sans résistance et même sans réflexions, mit la barre sur Portsmouth, où il arriva à la pointe du jour suivant.

On était alors en paix avec l'Angleterre, et le pilote pouvait, là comme en France, réclamer contre la violence qui lui avait été faite. Belle-Pointe, aussi savant dans l'art de pourvoir à sa sûreté que dans celui de faire des dupes, se hâta de payer le prix convenu. Ses louis furent reçus avec autant de satisfaction qu'il les donna, et on se quitta bons amis.

Belle-Pointe, désormais certain de la possession de son trésor, se livra à la joie, et ne pensa plus qu'aux plaisirs. Il employa deux jours à visiter la ville et le port, et il se délassait de ses courses à table, ou dans les bras de ces belles dont la complaisance est la même partout. Ennuyé enfin de la contemplation des vaisseaux, des cordages, des arsenaux, et des jouissances faciles, il loua une chaise de poste qui devait le porter à Londres.

Belle-Pointe connaissait les ressources qu'offrent les grandes villes aux intrigants, et l'intrigant qui peut débuter avec une sorte de magnificence, trouve bientôt les moyens de travailler en grand. Or, Belle-Pointe joignait aux talents que vous lui connaissez déjà, ceux de filer très-bien la carte, de piper et d'escamoter le dé.

Il avait déjà passé Winchester, en roulant dans sa tête et en nourrissant les plus sublimes projets. Il devait prendre un appartement somptueux et en remise, se faire une riche garde-robe, et il ne se proposait rien moins que de se présenter chez l'ambassadeur de France, sous le nom de M. de Lusignan. Chez l'ambassadeur il rencontrerait les lords avec lesquels il se lierait insensiblement; il ferait ensuite leur partie; il perdrait pendant deux ou trois jours; il regagnerait le quatrième de quoi couvrir sa perte et payer sa dépense, et il attendrait ainsi quelque grande partie où il finirait sa fortune.

Alors il retournerait en France. Il achèterait vers les Pyrénées, où il était tout à fait inconnu, une très-belle terre, dont il serait le seigneur, à la faveur de laquelle il épouserait une riche héritière, qu'il n'aimerait pas, à qui il ferait une pension modique, et dont il mangerait le revenu...

— Hé bien! hé bien! postillon, pourquoi arrêtes-tu? Veux-tu marcher, maraud! Le postillon, qui ne savait pas un mot de français, ne répondit rien et resta en place. Les deux portières s'ouvrirent à la fois, et deux messieurs, qui ne parlaient aussi que l'anglais, mais qui savaient parfaitement se faire entendre, se présentèrent à droite et à gauche.

Ces messieurs étaient ce qu'on nomme dans ce pays-là *high-waymen*, et ce que nous appelons en France voleurs de grand chemin.

Le pistolet au poing, ils firent signe au voyageur de descendre. Un soldat français est toujours brave, quelque mauvais sujet qu'il soit d'ailleurs. Belle-Pointe descendit, non pour obtempérer à la notification, mais pour se défendre, et il tira ses pistolets.

Les voleurs anglais sont d'assez bons diables, quand on ne les contrarie pas, mais ils sont dans l'usage de tuer ceux qui font résistance. En conséquence, ils lâchèrent à M. de Lusignan deux coups de feu, dont l'un lui cassa une cuisse, et l'autre une épaule. Le voyageur tomba : on tomberait à moins. Pendant qu'il se débattait sur le sable qu'il teignait de son sang, ces messieurs firent l'inventaire des effets que renfermait la voiture, et ils s'éloignèrent à travers champs, la précieuse valise sur l'épaule.

Le postillon ne savait que faire de son blessé. Il jugea pourtant que le parti le plus court était de le ramener à Winchester, et, à l'aide de quelques charretiers, qui passèrent une heure après, il coucha le Belle-Pointe en travers de la voiture, la tête sortant par une portière, et les jambes par l'autre.

Il fut ainsi ramené au petit pas, et lorsqu'on eut reconnu qu'il ne lui restait pas de quoi payer l'hôte, le chirurgien et l'apothicaire, on le porta à l'hôpital.

Deux membres cassés, le sang perdu, une heure écoulée sans aucune espèce de secours, et la douleur causée par les cahots de la voiture, lui avaient donné une fièvre de cheval, qui l'emporta le troisième jour. Ainsi périt, obscurément, ce grand homme, si digne de finir en public.

Cependant madame l'intendante et ses deux compagnes, délaissées à nuit close, sur le bord de la mer, et ne possédant à elles trois que le louis qu'avait donné M. d'Estouville, sentaient combien leur position était embarrassante. Madame du Rézeau et Louison parlaient de retourner au Havre; le louis aurait à peine suffi aux frais de route, et madame l'intendante n'était pas femme à se dépouiller pour des inconnues. Elle n'était pas non plus sans une sorte de sensibilité; et conformité de biens et de maux nous rapproche promptement. L'intendante consentit à aider les deux autres, à condition que son louis lui en rendrait deux. Cette espèce de sensibilité est ce qu'on appelle, en bon français, de l'égoïsme, et nous en avons tous une nuance plus ou moins foncée.

Il eût été difficile pour une femme vulgaire, de faire deux louis avec rien ; mais madame du Rézeau était fertile en expédients, et voici le nouveau plan qu'elle proposa à ces demoiselles.

— Nous revenons de Sicile, et nous sommes les restes d'une troupe de comédiens qui repassait de Palerme en France. Le vaisseau qui nous portait, battu par la tempête, a péri sur les récifs... Sur quels récifs ? Y en a-t-il à la rade de Dive ? — Ma foi, je n'en sais rien. Périssons sur un banc de sable ; il y en a partout. — Sur un banc de sable, soit. Le bâtiment s'entr'ouvre, se brise, nous nous sauvons sur une planche, et nous voilà. Notre histoire se répand, nous intéressons, on nous plaint, on est disposé à tout faire en notre faveur. Fières, comme des femmes à talents, nous ne voulons rien devoir qu'à nous. Nous prenons une grange, une remise, une écurie, une table, des tréteaux, des paravents, et nous jouons la comédie. Sais-tu quelque chose, Louison ? — Certainement. Je sais le récit de Théramène. — Bon, voilà un intermède. Je sais, moi, le second chant de la Henriade : ce sera la grande pièce. Et toi, madame l'intendante ? — Oh ! moi, je sais la fameuse ode de Piron... — C'est trop cru, ma petite, c'est trop cru. — Aimes-tu mieux le conte des *Deux Rats* ? — Non, non, cela ne se conte pas en public. — Ah ! *Tout est bien comme il est*, romance en vingt-deux couplets. — C'est encore un peu leste ; mais les petites filles feront semblant de n'y rien comprendre, et les mamans joueront la distraction. Nous terminons le spectacle par *passe-pied* et une *gavotte* : voilà qui est arrangé.

— Avant qu'on ait baissé ou tiré le rideau, nous avons tourné la tête aux bourgeois de Dive, et, sans soins, sans embarras, nous vivons de nos ressources ordinaires, jusqu'à ce que nous ayons retrouvé Belle-Pointe, si nous devons, hélas ! le retrouver jamais ! Vous voyez, madame l'intendante, que vous recouvrez vos déboursés à deux cents pour cent d'intérêt.

— Commençons par donner à la fable le coloris de la vérité. Humectons d'eau de mer nos robes et nos bonnets. — Autant de flambé, maman ; et avec quoi jouerons-nous la comédie ? — Avec les effets des dames de Dive. Vous ne connaissez pas, ma chère intendante, les avantages de jolies naufragées. Je vois bien que vous n'avez jamais fait naufrage que sous des courtines.

Ces dames s'arrosent mutuellement ; elles couvrent de vase le coin d'un bas de soie, le quartier d'un soulier vert ou rouge ; elles introduisent dans les carcasses des bonnets quelques feuilles de plantes marines, et, bras dessus, bras dessous, cherchant leur chemin au milieu des ténèbres, elles aperçoivent enfin la chandelle de madame la présidente de l'élection, dont le jeu n'était pas fini à neuf heures.

Ce faible fanal, semblable à l'étoile des trois rois, sert de guide à nos trois coureuses. Elles entrent à Dive, et s'arrêtent à une auberge qui ressemblait assez encore au lieu où notre Sauveur voulut naître. Il n'y a de différence essentielle que dans le miracle. Ici, tout est simple, naturel.

On soupa très-légèrement, pour deux raisons : il fallait jouer la douleur et ménager le louis unique. Madame du Rézeau, qui s'était arrogé le droit de la parole, racontait l'histoire du naufrage, non à l'hôte, mais à l'hôtesse, qui s'attendrit jusqu'aux larmes, et qui s'affligeait plus sincèrement encore que ses commères fussent couchées. Comment attendre jusqu'au lendemain pour leur raconter un événement aussi extraordinaire ? Elle ne put y tenir, et courut les réveiller : c'est ce que voulait l'orateur.

Louison, de son côté, écrivait à Belle-Pointe. Elle l'aimait, elle ne regrettait que lui ; elle mourrait, si elle n'était bientôt réunie à l'objet de ses plus chères affections. Pas un mot du trésor : l'amour et la cupidité ne s'allient jamais. La friponne savait cela ; mais elle savait aussi que Belle-Pointe et sa valise devaient être inséparables.

On se coucha comme on put, c'est-à-dire assez mal. On en fut levé plus matin : à quelque chose malheur est bon. Déjà la nouvelle du naufrage avait fait trois fois le tour de la ville. Déjà la renommée faisait madame du Rézeau belle comme Amphitrite, et Louison et l'intendante semblables en tout aux Néréides. Déjà les petits-maîtres de Dive mettaient plus de soin à leur toilette. Déjà les femmes grillaient de savoir si nos donzelles étaient en effet aussi bien qu'on le disait.

Quelques-unes de celles qui n'étaient pas très-sûres de la fidélité de leurs époux, observaient que les détails sentaient furieusement l'aventure ; que depuis trois mois il n'y avait pas eu de bourrasque, et que les autres circonstances pouvaient n'être pas plus vraies que celle de la tempête. Les hommes, toujours disposés à donner gain de cause aux jolies femmes, répondaient qu'un grain avait dû suffire pour effrayer celles-ci ; que le pilote, ignorant ou maladroit, avait pu les mettre sur un banc, et qu'enfin il était clair qu'elles avaient fait naufrage, puisqu'elles étaient entrées au *Veau qui tette* mouillées et couvertes de fange. Les épouses hochaient la tête ; les maris se la creusaient pour aborder nos actrices à petit bruit, et en obtenir la priorité.

Jamais M. Boniface n'avait eu de pareille aubaine. A chaque instant, il entrait quelqu'un qui demandait de ces grillades que madame Boniface apprêtait si bien, quoique jusqu'alors personne n'eût parlé de madame Boniface ni de ses grillades. La conversation s'engageait insensiblement entre les arrivants et nos dames. On sut enfin que le soir il y aurait spectacle à Dive, mais que les costumes manquaient.

Les plus empressés courent chez les femmes de la ville qui ont la réputation d'aimer les arts. Ils comptaient rapporter robes, mantelets, boîtes à mouches, éventails. On eût tout accordé si les naufragées eussent été laides ; mais quelle femme s'est jamais prêtée volontairement à en faire valoir une autre ?

Quelques maris, qui ne gâtaient pas leurs moitiés, et il y a de ces maris-là partout, escamotèrent de la garde-robe de leurs femmes plus qu'on ne leur avait demandé. Nos actrices, plutôt travesties que parées, se promenaient en long et en large dans la salle enfumée du crapuleux cabaret, se donnant des airs de princesses, et estropiant à haute voix les plus beaux vers de la littérature française. Elles prenaient un verre de cidre avec l'un, un doigt de bordeaux avec l'autre ; elles adressaient une œillade à celui-ci, pressaient tendrement la main à celui-là : il n'en fallait pas tant pour incendier la petite ville de Dive.

M. l'élu glissait un billet qui renfermait des propositions passables ; monsieur le conseiller au présidial faisait mieux, il glissait sa bourse ; un jeune médecin qui ne pouvait glisser que sa personne, se mêlait de la décoration de la salle, et à défaut d'imprimeur, le tambour de la ville attendait le moment d'assembler, au bruit de sa caisse, le public impatient.

La joie renaissait dans le cœur de nos aventurières. La nuit, qui s'approchait, leur promettait du plaisir et de l'argent, et le lendemain au point du jour elles devaient aller en poste à la recherche de leur chère valise.

Le tambour a battu. La foule se presse, paye et se place. Deux ménétriers font jurer leur violon. Les rideaux de lit d'un marchand de draps, qui forment la toile d'avant-scène, se tirent au moyen d'une ficelle ; le silence règne dans la salle ; madame du Rézeau paraît.

— Comment donc, voilà ma robe ! s'écrie une grosse dame en se trémoussant sur sa planche. Parbleu ! monsieur mon mari, il est bien extraordinaire... — Paix, madame, paix ! — Hé ! paix vous-même, monsieur. Je vous trouve plaisant de disposer ainsi de ma robe. Je veux ma robe ; qu'on me la rende. — Mais, madame, vous allez vous donner en ridicule... — Le ridicule est pour vous, monsieur, qui mettez sur le corps de je ne sais qui les vêtements d'une femme comme il faut. A Dive, comme ailleurs, on ne veut avoir la comédie au parterre que jusqu'à ce qu'elle commence au théâtre. Les *silence !* les *paix là !* les *à la porte !* partent de tous les coins. Un lieutenant de police, au corps fluet et à la voix grêle, tire de sa poche ses rubans ponceau, en décore son chapeau et son épée, et monte sur son banc pour se mettre en évidence. Il fait signe qu'il va parler ; on écoute. Il invite, en fausset, le public à la décence ; il observe que jamais à Paris le spectacle n'a été troublé pour la robe d'une actrice ; il ajoute que rien n'est provincial comme une conversation quelconque entre une femme et son mari, et qu'à Dive, où on se pique d'imiter la capitale, on doit avoir un meilleur ton.

Le public applaudit le lieutenant de police. La dame, outrée d'être traitée de provinciale, de femme de mauvais ton, s'agite en tout sens sur son banc. Ce banc fait à la hâte, ainsi que les autres, avec des planches de sapin, clouées sur des bouts de bois debout, ce banc vacille, crie, et tombe ; la dame crie, et fait la culbute ; son mari et dix à douze autres crient et roulent sur les bancs voisins. L'un d'eux saisit la basque de l'habit du lieutenant de police ; celui-ci se sent renverser, et s'accroche au collet du manteau du président de l'élection, qui était placé devant lui ; le président attrape la bourse à cheveux d'un négociant, le chignon d'une jolie fille ; la jolie fille, la ceinture de culotte d'un joli garçon qui venait de se retourner au bruit, et qui voulait jouir de cette scène ; tous quatre tombent, et entraînent les quatre bancs. On se relève avec précipitation ; on frappe, on est frappé ; les égratignures, les contusions abondent de toutes parts ; la bagarre augmente à chaque instant ; l'effroi devient général. Tous veulent sortir à la fois, et renversent ce qui restait de bancs. Les uns se sauvent par la porte ; d'autres s'élancent aux fenêtres ; ils marchent sur ceux qui n'ont pu se relever encore, et qui leur mordent les jambes pour se dégager. Le théâtre seul est libre, et la foule se porte bientôt de ce côté. Les ménétriers sont blessés, les violons cassés, les chandelles éteintes. Un tréteau casse ; et le théâtre manque sous les pieds des fuyards.

Les actrices, tremblantes des suites que peut avoir cette catastrophe, s'évadent les premières et se jettent dans un grenier à foin. Elles se laissent couler dans la cour, à l'aide de la corde qui sert à monter le fourrage. Les voilà sur le pavé, les mains et les bras écorchés, mais ne perdant pas de vue l'objet principal. Elles font main basse sur la recette, qui va bien à vingt écus. Elles fuient à travers les rues, elles courent sans savoir où, elles trouvent une porte ouverte, elles demandent un asile et elles attribuent tout le désastre à l'imprévoyance du menuisier.

La maîtresse de la maison n'était pas une femme du bon ton. Elle ne courait ni les bals, ni les concerts, ni les spectacles. Elle avait les idées tellement rétrécies, qu'elle se bornait à aimer son mari et à inspirer à ses enfants le goût de la sagesse et du travail.

Elle crut aveuglément les billevesées que lui débita la du Rézeau : les honnêtes gens sont si faciles à tromper ! La femme de mauvais ton mit nos princesses dans une chambre réservée pour les vrais amis de la famille, et qui, par conséquent, n'était pas souvent occupée.

La dame joignait aux ridicules que vous lui connaissez déjà celui de ne rien cacher à son mari. Ce mari était un capitaine de cabotage, dont le vaisseau était en chargement au Havre, qui venait passer deux jours de la semaine avec sa femme et ses enfants, qui les préférait à toutes les princesses de théâtre possibles, qui mettait sa carotte de Virginie fort au-dessus d'Athalie et du Tartufe. Cependant entraîné par l'exemple, il avait porté ses quinze sous au théâtre du *Veau qui tette*.

Très-vigoureux et très-irascible, il avait joué des coudes et des poings pour se tirer de la mêlée. Il avait jeté à droite et à gauche tout ce qui s'était trouvé sur son passage, et il était rentré chez lui sans autre accident que la perte d'un gras de jambe déchiré, mâchonné par un malheureux qu'il étouffait sous ses pieds.

..., hors de lui, il frappe au hasard, mais il frappe sans relâche (page 34).

Vous prévoyez comment il reçut la confidence de la retraite accordée aux auteurs de ce vacarme infernal. Il fait rouler à terre sel, eau et compresse ; il court à sa chambre d'amis, il va en expulser nos actrices avec des expressions et des gestes analogues à sa situation ; il ouvre, il regarde..... il s'arrête stupéfait.

— Par la corbleu ! c'est Catherine, ou le diable m'emporte ! Il parlait de madame l'intendante. Ah ! tu arrives de Palerme, et tu étais hier au Havre ! ah ! tu as fait naufrage, et tu sors de faire la débauche à bord de *la Minerve !* ah ! tu es cause que j'ai perdu la moitié d'un gras de jambe, et tu t'imagines que je te cacherai chez moi, que je serai complice de tes sottises passées et futures ! Je vais t'envoyer où tu as déjà été plusieurs fois, et d'où j'espère que tu ne sortiras plus. Il ferme sa porte à la clef, et il envoie sa cuisinière chez le lieutenant de police.

Il y avait des croisées à cette chambre, mais elle était au second étage ; mais le lit n'était pas couvert, ainsi point de draps, point de couvertures dont on pût s'aider, et de tous les risques qu'on courait, le plus terrible sans doute était celui de se casser les reins sur le pavé : nos dames se tinrent coi.

Un homme public est jaloux de ses prérogatives en proportion du peu d'importance de sa place. Jugez combien dut être piqué le lieutenant de police de Dive, lorsqu'il apprit qu'il avait donné comme un sot dans les fadaises que lui avait débitées la première actrice du *Veau qui tette :* lorsqu'il se rappela ces égards, ces attentions fines, qu'il avait prodiguées, comme les prodiguent la plupart des hommes à ces princesses, belles ou laides, bêtes ou non, et cela par un sentiment qui ne ressemble à aucun autre, qui, bien analysé, cesserait peut-être d'en être un, et qui, par cela seul, est inexplicable. Jugez des craintes du petit magistrat, lorsqu'il se rappela certaines privautés qu'avait souffertes Louison, qui croyait ainsi payer son privilège, et qu'il avait considérées comme une bonne fortune faite pour flatter son amour-propre, car enfin, après les théâtres de Paris, de Bordeaux, de Marseille, de Rouen, c'était celui de Palerme. Que de motifs de vengeance avait le petit lieutenant de police ! Il voulut bien prendre pour haine vigoureuse du vice celle que lui inspirèrent deux femmes qui l'avaient complétement joué.

L'affaire de Catherine ne traîna pas en longueur. Un homme domicilié et probe déposait contre elle, et souvent alors on envoyait une fille à l'hôpital sur un témoignage qui ne valait pas celui-ci : Catherine fut enlevée et logée.

Mais quelles étaient les deux autres qu'on brûlait de châtier aussi ? On les envoya provisoirement en prison, et on remit l'instruction au lendemain, parce qu'il faut qu'un magistrat dorme, et que si l'innocence est mal à son aise sous les verrous, elle y est au moins en sûreté.

Le lendemain ces dames comparurent et essayèrent encore de se tirer de là avec des fables. On prit acte de leurs dires, et on leur notifia qu'elles garderaient prison jusqu'à ce que les faits dont elles arguaient fussent éclaircis.

Huit ou quinze jours de prison sont toujours bons à économiser, et Louison et la du Rézeau trouvèrent à propos de déclarer *vérité* qu'il faudrait enfin finir par dire à *monsieur*.

Que risquaient-elles après tout ? M. d'Estival avait repris ses mille louis en présence de la maréchaussée, et on ne pouvait convaincre Louison de les avoir réescamotés, puisqu'elle n'avait pas le sou. Madame du Rézeau, maîtresse de ses actions, avait voulu voyager. Elle avait vendu pour cela un mobilier qui était bien à elle, puisque son président le lui avait donné. Les acquéreurs avaient sa quittance, et tant pis pour eux s'ils ne s'étaient pas mis en possession. Il est bien vrai que Belle-Pointe avait escroqué le président et le conseiller-clerc ; mais ils ne se plaignaient pas. D'ailleurs, dans ce monde, chacun répond pour soi : que Belle-Pointe s'arrange avec la justice, s'il tombe sous sa main. Le seul délit réel est d'avoir déclaré qu'on venait de Palerme, lorsqu'on arrivait du Havre. Or, un mensonge n'est un crime qu'aux yeux d'un confesseur qu'on apaise avec un *Pater* et un *Ave Maria*.

C'est ainsi qu'avait dirigé la défense de ces dames un jeune avocat qui avait été un an clerc de procureur à Coutances, et qui avait été acheter à Reims ses lettres de licence, qui lui donnaient le droit d'être toujours à côté de la question, comme l'aspirant en médecine y achetait la prérogative d'assassiner impunément ses malades.

Cependant le lieutenant de police, qui voulait et se venger et se faire honneur de cette affaire, en écrivit les détails à son supérieur monseigneur de Paris et à son collègue de Rouen. En attendant leurs conseils, qui pouvaient être très-utiles à Dive, il tenait toujours nos dames en prison. Monseigneur de Paris et monsieur de Rouen trouvèrent très-déplacé que le petit juge d'un petit trou donnât suite à des niaiseries qui pouvaient compromettre des personnes considérables, qui avaient à peu près alors le droit de tout faire, et ils invitèrent le lieutenant de Dive au silence. Celui-ci prit très-mal la leçon, et persuadé qu'il pouvait être magistrat chez lui, comme ces messieurs l'étaient chez eux, il se décida à frapper un grand coup, et il prit le parti vigoureux de faire *assigner pour être ouïs* le fermier général, le président et le conseiller-clerc.

Malheureusement pour ces messieurs, madame Geoffrin, qui commençait à tenir un bureau d'esprit, entendit parler de cette affaire. Son valet de chambre, qui vendait des nouvelles à la main, recueillies à travers le trou de la serrure, entendit à peu près ce qu'on disait de tout cela chez madame Geoffrin. Au bout de quatre jours, on savait dans tout Paris que ces messieurs aimaient passionnément les petites filles et que, selon l'usage, ils en étaient complétement dupes. Un bel esprit de la coterie Geoffrin mit l'histoire en vaudeville. On la chanta sur le Pont-Neuf, d'où elle passa sur le pont de bateaux de Rouen.

Madame d'Estival signifia noblement à son mari, qu'après cet esclandre il était plus que jamais indigne de sa couche ; et, la conduite de madame d'Estival eût été louable, si elle eût banni son époux pour coucher seule ; mais !... Les confrères de M. le fermier général lui notifièrent qu'on peut se ruiner avec une fille d'Opéra ; mais qu'avoir une affaire suivie avec une grisette, c'est rentrer dans la crasse, dont on a eu tant de peine à se tirer. Ils lui fermèrent leurs maisons, comme sa noble épouse lui avait fermé son lit ; les femmes honnêtes lui fermèrent leur porte, parce qu'elles ne peuvent décemment recevoir un tel homme ; et, en effet, quel encouragement pour les maris, si celui-ci n'était marqué du sceau de la réprobation.

Le conseiller-clerc fut publiquement réprimandé par son chef apostolique, qui n'entendait pas raillerie, et qui croyait qu'où il y a eu scandale il faut publicité à la réparation, ce qui, selon moi, n'est qu'entasser scandale sur scandale ; mais enfin les choses se passèrent ainsi.

Le président reçut, à *huis clos*, une mercuriale de ses confrères, non pour avoir péché, mais pour avoir compromis l'honneur de la toge.

Ainsi ces trois messieurs, qui croyaient avoir étouffé à prix d'argent une aventure déshonorante, se trouvèrent, lorsqu'ils y pensaient le moins, traduits au tribunal du public, qui tolère une faiblesse mais qui ne veut pas que les gens en place soient vicieux.

Le petit lieutenant de Dive avait acquis une célébrité de tous les diables ; mais sa joie fut de courte durée. Arrêt de la cour du parlement de Rouen, qui condamne à *réclusion perpétuelle* deux femmes de mauvaise vie, qui, méchamment et calomnieusement, ont voulu flétrir la réputation d'un de messieurs, et l'arrêt fut exécuté quoique deux femmes de mauvaise vie puissent quelquefois dire vérité. Autre arrêt qui ordonne au lieutenant de police de Dive de se défaire de son office, pour avoir fait assigner par-devant lui un membre d'une cour supérieur. Le petit magistrat, qui avait raison quant au fond, car enfin il ne pouvait pas courir de ville en ville pour chercher et entendre des témoins, le petit magistrat se rendit appelant au conseil ; mais le roi était alors assez bien avec ses parlements, qui laissaient dormir la bulle *Unigenitus*, qui ne se mêlaient ni de sacrements ni d'inhumations, et l'arrêt de messieurs de Rouen fut confirmé. Encore un libertin attrapé. *Vanitas vanitatum, omnia vanitas!*

> O mes amis, vivons en bons chrétiens;
> C'est le parti, croyez-moi, qu'il faut prendre.

Hé! n'avons-nous pas assez de nos femmes, quand nous avons bien choisi? Où trouver une amie plus sincère, qui partage aussi vivement nos plaisirs et nos peines, qui supporte avec autant de résignation notre humeur, et quelquefois nos brusqueries? A qui devons-nous le plaisir si doux d'être pères? Qui console notre vieillesse? Qui nous aide à mourir? Malheureux pêcheurs! vous convenez de tout cela, et un cotillon sur un bâton à roulettes vous fait faire le tour de tout Paris.

Mais, pendant que je raconte, *la Minerve* sillonne majestueusement l'onde amère. Volons après elle, et sachons un peu ce que devient notre petit abbé. Si des sens neufs et la facilité de jouir n'excusaient bien des écarts, avec quelle aigreur je lui reprocherais d'avoir préféré un moment un joli minois à un supérieur de séminaire! Rappelons-nous cependant qu'il n'est entré pour rien dans les manœuvres de Belle-Pointe, et qu'il ne fallait peut-être qu'une nuit ou deux de plus de madame du Rézeau pour le rendre à lui-même et à la raison.

Que faisait-il, que pensait-il, ce pauvre abbé que M. d'Estouville, empressé de se défaire de la tante et de Louison, n'avait pas voulu écouter? Que devint-il lorsque M. le gouverneur entra dans sa chambre, les bras ouverts et l'air triomphant; qu'il voulut être le valet de chambre de la jolie nièce qui s'efforçait en vain de s'expliquer, et dont les mots expiraient sur les lèvres de son impétueux amant? M. d'Estouville lutine, tourmente le pauvre petit; il a déchiré fichu, robe, chemise. L'abbé, exaspéré, fait un dernier effort, s'échappe et saute par-dessus la table; M. d'Estouville la renverse pour avoir plus tôt fait. L'abbé se réfugie sous le lit; M. d'Estouville s'y précipite.

Là, commence un autre combat qui doit tourner à l'avantage de l'assaillant. L'abbé, serré contre une cloison, n'a plus de moyens de s'échapper. Le marin, déterminé à vaincre, n'importe où ni comment, renouvelle, multiplie ses attaques avec un acharnement sans égal. L'abbé s'agite dans tous les sens; M. d'Estouville suit ses mouvements, le presse, le fixe: il se croit vainqueur... Que devient-il, à son tour, lorsqu'il trouve sous sa main... ce qu'il ne cherchait pas, ce qu'il n'attendait pas, ce qui faillit le faire donner au diable!

C'est lui maintenant qui recule, qui s'éloigne, qui se relève, et qui, les bras pendants et la bouche ouverte, regarde l'abbé avec cet air bête que doit avoir un homme en pareil cas. L'abbé, tremblant que la stupéfaction ne fût suivie de la tempête, restait tapi dans son coin, et attendait ce qu'il plairait au ciel d'ordonner de son sort.

Après un silence très-prolongé, M. d'Estouville prit le seul parti convenable à la circonstance : il se mit à rire comme un fou, et il demanda à la nièce prétendue l'explication de ce *quiproquo*.

L'abbé, rassuré, balbutia, en rougissant, son histoire. Il était si humilié d'être volontairement resté en mauvaise compagnie! Le chef d'escadre, toujours généreux avec les hommes, quoique un peu scélérat avec les femmes, et toutes les femmes ne haïssent pas ces gens-là, le chef d'escadre lui promit d'arranger son affaire, de le remettre dans les bonnes grâces de son oncle le lazariste; et, dès ce moment, il chercha, par toutes sortes de bons procédés, à faire oublier des desseins, des transports... qu'il se reprochait..., parce qu'ils n'avaient mené à rien.

Il fit relâcher aux Açores sous le prétexte de faire de l'eau, dont on n'avait pas besoin. Accueilli avec distinction par le gouverneur de Tercère, son premier soin fut de s'intéresser au sort de son petit abbé. Il arrangea son histoire de la manière la plus piquante, à la réserve cependant de certaines particularités dont vous prévoyez bien qu'il ne parla pas du tout. L'officier portugais commandait sous le révérendissime évêque d'Angra, et soumit la chose à monseigneur; monseigneur, qui trouva matière à un prône édifiant et à une pénitence publique, cérémonie très-agréable à la populace, qui pourtant préféré une pendaison, monseigneur voulait faire comparaître l'abbé en belle robe blanche et un cierge de six livres à la main, lui faire abjurer ses erreurs et renouveler le serment de son baptême. M. d'Estouville dit qu'il ne souffrirait pas qu'on traitât ainsi un sujet du roi de France. Monseigneur répliqua que l'abbé était devenu sujet du pape. Le chef d'escadre envoya paître monseigneur; monseigneur excommunia le chef d'escadre, et le chef d'escadre rit au nez de monseigneur.

Monseigneur, très-irascible, mit en interdit toutes les églises d'une île portugaise parce qu'un officier français s'était moqué de lui. Le peuple, tremblant de manquer de messes, courait les rues, s'attroupait, s'agitait, parlait déjà de mettre à mort M. d'Estouville et l'abbé; et monseigneur, du haut de son balcon, bénissait ce bon peuple.

M. d'Estouville et ses officiers furent tentés un moment de tomber, l'épée à la main, sur cette canaille. Mais comme il n'appartient pas à un particulier de troubler, à propos de bottes ou d'un abbé, l'harmonie qui règne entre les souverains, le chef d'escadre jugea plus prudent de regagner son bord en écartant à grands coups de canne ceux qui l'approchaient de trop près.

La marée qui montait favorisait sa retraite, et, par le plus heureux hasard, un vaisseau bordelais, qui revenait de Saint-Domingue et qui avait aussi relâché aux Açores, mettait à la voile et partait. M. d'Estouville s'arrangea avec le capitaine pour le retour de l'abbé; il donna à celui-ci, pour son oncle le lazariste, une lettre par laquelle il recommandait son neveu à son indulgence, et lui promettait, dans le cas où il en userait bien avec le jeune homme, de le recommander pour le premier évêché qui vaquerait dans son gouvernement: promesse propre, dans tous les temps, à rendre docile un moinillon.

Il donna à l'abbé ce qui lui était nécessaire pour

se rendre commodément de Bordeaux à Rouen, et lui recommanda, en l'embrassant cette fois sur les joues, de ne jamais quitter son habit noir, qui, à coup sûr, éloignerait de lui les gens aimables et entreprenants.

Profitez de la leçon, jeunes gens frivoles et inconsidérés. Fuyez le danger : *Qui quærit periculum peribit in illo.* Sachez que le repentir ne vient souvent qu'après le déshonneur, et croyez qu'on ne trouve pas beaucoup de chefs d'escadre disposés à tirer les gens des griffes de Satan.

CHAPITRE III

Il va être enfin plus spécialement question des projets et des aventures de Robert. — Comment il fait connaissance avec milord Allisbad, philosophe à sa façon. — Conséquences tout à fait extraordinaires de cette rencontre et comment, aux îles Orcades notamment, être maître absolu de l'univers n'est pas le suprême bonheur. — Si M. Cammeron est le plus honnête des hommes et le meilleur des prêtres, la vieille Betty est bien la plus acariâtre des ménagères, et Robert le plus mauvais drôle des trois royaumes.

Robert était resté à l'auberge, ainsi que j'ai eu l'honneur de vous l'apprendre, pendant que Belle-Pointe exécutait des projets dont le résultat devait être si fâcheux. Le petit bonhomme digérait un excellent déjeuner, en faisant des capucins de cartes : et comme des capucins de cartes ne sont guère plus intéressants que des capucins vivants, Robert les quitta pour jouer à la balle avec la pelote aux épingles de madame du Rézeau. La balle, lancée avec force, rencontre un chandelier qui était sur la cheminée ; le chandelier tombe sur la glace et la brise. Robert, effrayé, ne sait quel parti prendre. Il s'est aperçu que Belle-Pointe ne le voit pas d'un bon œil ; il craint la correction et il forme le projet de s'y soustraire. Mais où ira-t-il ? cela lui est égal. De quoi vivra-t-il ? ceci lui paraît mériter quelque considération.

Nécessité, dit-on, est mère d'industrie. Les yeux de Robert se portent sur deux paires de poches que Louison et sa compagne ont jetées sur un lit, pour en ceindre de blanches. Peut-être la précipitation avec laquelle elles ont fait leur toilette leur aura fait oublier quelque menue monnaie qui suffira aux besoins du jour, et le lendemain... Ma foi, le lendemain... le lendemain, on verra.

Inventaire fait des quatre poches, Robert se trouve propriétaire de deux gros écus, de trois petits, d'une pièce de vingt-quatre sous et d'une de douze. Or, comme on aime assez composer avec sa conscience, Robert pensa que puisque M. d'Estival, fermier général, lui avait volé à force ouverte trente-huit livres, il pouvait bien, lui, pauvre petit, en escamoter vingt-trois à des gens qui en avaient tant pris. Et puis, si nécessité est mère d'industrie, il est au moins aussi vrai que nécessité ne connaît point de loi.

A la suite de ce raisonnement, plus fréquent qu'on ne pense, mais que de très-honnêtes gens ne font jamais qu'à *parte*, Robert ouvrit la porte, sortit, la referma et prit la clef dans sa poche, de peur qu'on ne s'aperçût de la fracture faite à la glace avant qu'il fût hors de portée. Il marche, il trotte, il se retourne : il a perdu de vue les clochers du Havre. Il s'assied, commence une chanson, et s'endort. Heureux âge !

Oh ! si Riffiard passait là ! Riffiard, si sage, si aimant et qui donnait de si bons conseils, eût peut-être ramené Robert, qui aimait l'indépendance, mais qui en avait peu joui sous Belle-Pointe, et qui ne devait pas tirer de ses aventures passées des inductions bien favorables de l'avenir. La Providence ne permit pas que Riffiard, qui était à Paris, se trouvât en même temps sur la route de Goderville. D'ailleurs, elle ne nous accorde qu'un moment, dit-on, et ce moment, Robert l'avait laissé échapper aux Champs-Elysées. Gardons-nous de l'imiter, mes très-chers frères, eût très-judicieusement dit le révérend père Salomon de Pontoise.

Robert se réveilla, et se remit à marcher. Toujours marchant, s'asseyant, se relevant, mangeant, il arriva à Dieppe, sans savoir où il était.

Il s'était arrêté à la porte d'une auberge, et son œil cherchait à pénétrer à l'intérieur de la cuisine, à entrevoir le costume des gens pour juger si l'hôtellerie était de celles qui conviennent à un voyageur qui n'a que vingt-trois livres dans sa poche. Une voiture, qui entrait au grand trot de quatre forts chevaux, mit fin à ses observations d'une manière un peu brusque. Le moyeu d'une roue de derrière l'accrocha par une poche de son habit, et le jeta à dix pas de là.

Robert, en reprenant l'usage de ses sens, se trouva dans un bon lit, entre un homme qui lui tâtait le pouls et un autre qui lui répéta trois ou quatre fois : Hé pienne, mon petite, *how do you do ?*

Robert ne répondit rien à l'*how do you do* qu'il n'entendait point. Il remarqua une bande à son bras, de laquelle il conclut qu'il avait été saigné ; mais, comme il sentait qu'il se portait bien, il sauta hors du lit, et se mit à s'habiller. — Bienne, mon ami, bienne, reprit le baragouineur. Cette petite gâçon être couradjous..

Le chirurgien prétendait que le *petite* devait garder le lit quelques jours encore ; il avait ses raisons pour cela. L'Anglais soutenait qu'il fallait laisser faire la nature, et Robert adopta l'avis qui s'accordait avec ses dispositions.

Cet Anglais était milord Allisbad, le plus grand philosophe des Iles Britanniques, qui venait de visiter les ports de Bretagne et de Normandie, et qui retournait gober l'air épais de son pays. Or, comme il n'est pas impossible qu'un philosophe soit un homme sensible, quoique tous les jours on imprime le contraire et que tous les jours *un sot trouve un plus sot qui l'admire*, milord Allisbad, pénétré de l'accident dont il était cause, avait fait mettre Robert dans le meilleur lit, avait envoyé chercher le meilleur chirurgien, et servait lui-même de garde au malade, pour être bien sûr qu'il ne manquerait de rien.

Si l'on s'éloigne des gens en proportion du mal qu'on leur a fait, on s'y attache aussi par les services qu'on leur rend, et bien que milord pût se croire quitte envers Robert, il était loin de penser qu'il eût assez fait encore. Quel dommage qu'un philosophe ait cette façon de penser, n'est-il pas vrai, messieurs du parti?

Milord, s'intéressant de plus en plus à Robert, dont la figure seule était attachante, milord voulut savoir qui il était, ce qu'il faisait à Dieppe, comment il s'y trouvait seul, et milord avait acquis ces connaissances préliminaires de l'aubergiste, qui l'avait assuré, au moment de l'accident que l'enfant n'était pas de la ville, parce que sa mise annonçait quelqu'un bien né, et qu'il avait l'honneur de connaître tous les gens comme il faut de l'endroit.

Milord, qui parlait très-mal français, l'entendait très-bien, et il écoutait avec plaisir le petit Robert racontant avec naïveté son histoire. Il ne se posséda plus, lorsque l'enfant s'étendit sur son goût pour l'indépendance et son aversion pour les sciences. Il le serra dans ses bras, et lui donna de suite trente baisers. Il faut vous expliquer ces baisers-là.

Milord avait une philosophie un peu exagérée, et même originale. Par exemple, il croyait que nous naissons tous égaux ; aussi n'exigeait-il pas qu'on l'appelât monseigneur, mais il le souffrait.

Il disait que les fruits de la terre sont à tous, que la terre n'est à personne, et il avait près de Londres une terre de dix mille livres sterling de revenu. A la vérité, il ne poursuivait ni les braconniers, ni les voleurs de fruits et de légumes ; mais milord son père lui avait laissé son bien clos de murs, et il n'empêchait pas son intendant de les entretenir.

Il ne voyait dans le mariage qu'un contrat civil en opposition avec la nature, car, disait-il, si le mariage est dans la nature, pourquoi ne suis-je plus amoureux de milady? Il voulait que les femmes, comme les fruits, appartinssent à tout le monde. Je ne sais trop ce qu'il eût dit, s'il eût su que milady appuyait ses goûts du même raisonnement.

Il prétendait que les arts sont inutiles; qu'il y a de la sottise à admirer un tableau, ou un groupe de marbre, lorsqu'on peut jouir à chaque pas du spectacle de la nature vivante, et il avait été, à Paris, à l'Opéra et à des concerts, mais par pure complaisance. Il avait chez lui des statues et une galerie de tableaux ; mais il ne les conservait ou par respect pour ses pères, qui les avaient chèrement et longuement rassemblés.

Il protestait que les sciences sont la ressource des sots, parce qu'il n'est pas de sot qui, avec de la mémoire, ne puisse devenir savant, et il avait lu, comme un pur passe-temps, Newton, Locke, Warburton, Toland, Swift, Addison, Bolingbroke. Il n'en avait pas perdu une pensée ; mais il n'en parlait jamais.

Il s'élevait contre les lois, qui sont l'appui des demi-probités, et dont le juste n'a pas besoin. Il ne faut, disait-il, à l'homme de la nature qu'un bâton pour repousser l'agresseur, et un bâton n'est pas aussi cher que des huissiers, des procureurs, des avocats et des juges. Son intendant gagnait ou perdait pour lui dix à douze procès par an ; mais milord n'en savait rien.

Il déclamait contre le luxe, qu'il ne considérait que comme un moyen offert à l'homme nul d'écraser l'homme qui vaut quelque chose. En conséquence, milord était toujours très-simplement mis, et il attribuait à la frivolité de milady la richesse de sa livrée et de ses équipages.

Il affirmait, il répétait que toutes les religions du monde ne sont bonnes qu'à faire manger la poularde à ceux qui les enseignent, en les pratiquant tant bien que mal. Il eût été difficile de le battre là-dessus, parce qu'il n'en professait aucune, ce qui est très-malheureux.

Vous sentez quel cas un tel homme devait faire de Robert. Il ne l'appelait plus que l'enfant de la nature. Il lui proposa de le suivre en Angleterre, où il habiterait un petit bien qu'il avait en Ecosse, sur le bord de la mer. Là, il ne trouverait ni papa, ni maman, ni directeur, ni maître d'école, ni ami contrariant, ni mets qui piquent la sensualité, en appauvrissant le corps. Tout à lui, Robert y serait le maître absolu de ses actions, et dispensé de toute espèce de soin. Par exemple, il n'aurait pas la peine de faire son lit, parce qu'on enlèverait ceux qui étaient dans la maison; il serait dispensé de faire la cuisine, parce qu'on ne lui laisserait ni fourneaux, ni charbon. Il mépriserait ce vil métal, devant lequel l'univers est à genoux, parce que n'ayant pas le sou, il n'aurait pas l'idée de ce qu'on appelle commerce, et qui n'est que l'art avec lequel le plus adroit trompe celui qui l'est moins. Il gagnerait sa vie au bout de son bâton, avec lequel il casserait ailes ou pattes aux oiseaux qui se laisseraient approcher, et dont il mangerait la chair dans toute sa saveur, avantages que n'ont pas les viandes cuites. Pas d'embarras de toilette : il s'habillerait de la dépouille des oiseaux aquatiques, dont il joindrait les peaux avec des filaments d'écorce, moyen tout simple de se tirer de la dépendance d'un tailleur, d'une lingère, d'une blanchisseuse. A la vérité, il rencontrerait de loin en loin quelques montagnards, mais qui, aussi agrestes que lui, ne le dérangeraient pas dans ses habitudes. Enfin, dans quatre ou cinq ans, il accointerait la première montagnarde qui lui plairait, pour en accointer ensuite une seconde, une troisième, et cela sans remords, parce que les femmes doivent seules être chargées des enfants, puisque la nature leur a donné un sac pour les porter, et des mamelles pour les nourrir. Lorsque Robert aurait vingt-cinq ans, milord l'irait voir, pour s'assurer qui des deux serait le plus heureux, et il offrait d'avance de parier pour Robert.

Milord parlait avec chaleur; il avait le ton, la figure d'un homme persuadé, et rien ne se communique aussi facilement que l'enthousiasme. La tête de Robert s'exaltait à chaque mot; il était enchanté. Ne dépendre de personne au monde! être dispensé de tout, et même de faire son lit! manger de la viande à laquelle le feu n'a rien fait perdre de son goût! s'habiller de ces plumes éclatantes, dont les vives couleurs se nuancent si bien dans les boutiques de Paris! Régner dans tout le canton, son bâton à la main! faire fuir ou tuer tout ce qui se présenterait devant lui! détruire, détruire sans cesse! quel enfant n'est pas séduit par cette idée-là et quelle preuve plus évidente que l'homme est né bon?

Ajoutez à ces scènes de bonheur, ces petites montagnardes qui se présentaient à son imagination, telles que madame du Rézeau avec l'abbé, et Louison avec Belle-Pointe; jolies, tendres, faciles, point exigeantes, et lui toujours infidèle, voilà de quoi se composaient les nouveaux projets de Robert. Il étendait le plan de milord, il y ajoutait à chaque instant quelque chose, et milord et lui déliraient de plaisir.

— Qu'on vienne me parler de Robinson! s'écriait le bon Anglais. Un friand, un gourmet qui ne savait se passer de rien, pas même d'un ami, qui avait beaucoup vu et qui imitait tout, tant bien que mal. Cet enfant ne sait rien, ne cherchera aucune de ces jouissances factices, dont l'habitude nous a fait des besoins. Il sera vraiment l'homme de la nature, car enfin de quoi se compose le vrai bonheur, et que nous faut-il réellement? Un abri, du gland, une femelle. Rousseau l'a écrit, et quel homme que ce Rousseau!

Milord avait eu l'intention de prendre un packet-boat qui le conduirait à Londres en remontant la Tamise. Il désirait revoir encore ces rives si riantes, si riches et si variées, que n'oublie jamais celui qui les a vues une seule fois. Mais comment s'occuper de plaisirs qui ne sont que le résultat des institutions humaines, lorsqu'il s'agit de ramener l'homme à son état primitif, et d'avoir l'honneur de lui offrir un jour, dans Robert, le modèle vivant de ce qu'étaient ses aïeux, il y a... il y a... oh! il y a longtemps. Milord arrêta un bâtiment qui devait le porter directement à Wick, près des îles Orcades, c'est-à-dire dans la partie de l'Écosse la moins habitée et la moins habitable.

Pendant qu'on frétait le navire, nos hommes de la nature faisaient grande chère, parce qu'il était indifférent que la réforme de Robert commençât huit jours plus tôt ou plus tard. Quant à milord, il gémissait d'avoir passé l'âge où notre estomac se prête à tout, et c'est en sablant les meilleurs vins de France que ces messieurs faisaient l'éloge de l'eau.

Milord, dont les digestions étaient quelquefois laborieuses, ne manquait pas en sortant de table de conduire Robert sur le galet de Dieppe. Il voulait que ces promenades lui fussent utiles; en conséquence, il se faisait suivre par deux domestiques chargés de bâtons gros et courts, qu'ils présentaient successivement à l'enfant de la nature. Milord trottillait sur ses pas et applaudissait à la légèreté de sa course et à la grâce avec laquelle il lançait son bâton contre les oiseaux qu'il n'approchait que de loin et qu'il ne tuait jamais. Robert se dépitait. Milord le consolait en l'assurant que les oiseaux des îles Orcades, en général beaucoup plus gros, étaient plus faciles à toucher, et que moins défiants parce qu'ils voient rarement des hommes; ils se laisseraient tuer à volonté. L'avantage réel que procuraient ces courses, c'est que milord et Robert rentraient disposés à bien souper, et soupaient bien en parlant toujours de la nécessité d'être sobre.

Le vaisseau est prêt, le vent est favorable; on s'embarque gaiement. On se complaît à parler de ses projets; on ne cesse d'en parler que pour se mettre à table, d'où on passe dans de bons lits, auxquels Robert va renoncer avec tant de satisfaction! On découvre enfin la pointe nord de l'Écosse. Un sol pierreux et presque inculte, peu de verdure et pas un arbre, des masses de roches d'un gris uniforme, une nature morte enfin, voilà ce qui frappe d'abord Robert.

Milord jugea, à certain air de tristesse, que le jeune camarade n'était pas séduit par le spectacle qui s'offrait à ses yeux. Il jugea à propos de réveiller cette belle chaleur qui ne l'avait pas quitté encore et qui allait lui être si nécessaire.

— Voyez, disait milord, voyez ces masses respectables qui bravent, depuis l'enfance du monde, la foudre et les tempêtes; voyez la faux du temps gravée dans ces cavités; ces cimes qu'il a détachées et précipitées dans l'abîme; ces oiseaux monstrueux qu'on ne trouve qu'ici et dont le vol rapide et vigoureux annonce la puissance. Voyez-les, tantôt se balançant dans les airs, tantôt se reposant fièrement sur la pointe la plus élevée de la roche, ou se précipitant dans l'onde, cherchant, trouvant partout leur nourriture, jusqu'à ce qu'ils servent à la vôtre. Saluez cette terre vierge, que n'a pas défigurée la main insensée et avide de l'homme. Félicitez-vous, vous qui seriez admiré de tout l'univers, si l'univers connaissait votre résolution noble et généreuse.

— Oui... oui, répondait Robert à chaque phrase, et sa voix faiblissait à mesure qu'on approchait de la côte. Sa paupière devenait humide, sa tête tombait sur sa poitrine. Le vaisseau entre dans une espèce de baie. Milord, qui craint que l'enfant de la nature ne s'avise de vouloir redevenir homme social, se hâte de faire débarquer son carrosse, ses chevaux et douze à quinze faisceaux de bâtons qui devaient former l'arsenal, l'ameublement, le magasin de Robert, et qu'il avait été sage d'apporter dans un pays où on ne trouve pas un chêne.

On monte en voiture, on part, on arrive à un château qui n'a pas été habité depuis la catastrophe de Marie Stuart; que depuis on n'a ni entretenu ni réparé, et qui était bâti sur un domaine de deux mille arpents, qui ne rapportaient pas cinquante guinées par an.

Robert en entrant dans ces masures trouva d'abord une partie de la société avec laquelle il devait vivre en Écosse. Le bruit de la voiture fit enlever une nuée de corneilles, de hiboux, de chouettes dont le cri n'était pas propre à ramener la joie dans un cœur déjà navré. Un concierge aussi triste, et qui paraissait aussi vieux que les roches qui bordent la côte, se présenta, courbé sur sa béquille, fit de son mieux pour bien recevoir son seigneur, et ce mieux se réduisit à un morceau de pain d'orge et à quelques pommes de terre cuites sous la cendre.

Si du moins on eût laissé à Robert le concierge et ce qui restait d'orge et de pommes de terre! mais on chargea tout inhumainement, provisions et concierge, tout, jusqu'aux portes et aux croisées, sur quatre chariots que milord envoya prendre à Wick, et qu'il expédia pour Londres à petites journées. Et lui, après avoir fait semblant de dormir sur une natte, après s'être récrié sur l'excellence de deux pommes de terre charbonnées, qu'il avait reçues de la main crasseuse de son concierge, il remonta dans sa berline, où il s'endormit réellement en achevant une volaille froide et une bouteille de vieux bourgogne qu'il n'avait pas demandées, mais qu'il ne fût pas fâché de trouver dans une poche de la voiture. Un sourire d'approbation adressé à son valet de chambre fut le prix de sa prévoyance.

Robert avait eu un moment l'envie de sauter derrière le carrosse, et de déclarer tout bonnement au premier relais qu'il renonçait à être l'enfant de la nature; mais l'amour-propre, ce mobile si puissant de la conduite des hommes, l'emporta sur le sentiment de ses plus chers intérêts. Comment oser dire qu'on a changé tout à coup de manière de voir et de penser? comment oser blâmer ouvertement ce qu'on a loué avec exagération? Robert se tut et resta. Il regarda avec un soupir le vieux concierge, juché sur un des chariots et couché commodément sur ce qu'on avait trouvé de matelas au château; il soupira au coup de fouet des charretiers; il soupira en voyant prendre le galop aux chevaux qui entraînaient milord et sa berline; il regarda autour de lui et se trouva seul au monde.

Tout est bien, tout est mal. On soutient, on défend les deux opinions avec un égal avantage, ce qui fait que jamais personne ne prouvera que tout soit mal, que tout soit bien. Le terme moyen, quel est-il? Il peut exister entre deux extrêmes; mais les gens à système n'en reconnaissent pas. Celui-là le trouve, sans le savoir, qui prend le temps comme il vient, les saisons à leur tour, les hommes comme ils sont; qui travaille un peu, qui agit toujours, qui remplit ses devoirs par goût, par habitude; qui ne compte pas sur la reconnaissance, qui lui sourit s'il la rencontre; qui meurt pleuré, béni de sa femme et de ses enfants, et qui s'aperçoit alors qu'il a réellement vécu… Diable! mais n'aurais-je pas esquissé ici le bonheur qui nous est propre, le seul que nous puissions trouver? Pourquoi donc le chercher, comme un astronome se fatigue pour trouver une étoile nouvelle, toujours au-dessus de lui? Baisse la tête, il est à nos pieds.

Robert, qui n'avait qu'à se baisser pour être à peu près heureux; Robert, qui en fuyant de chez sa mère, avait laissé son bon génie assis à sa porte; Robert, qui allait de projets en projets, et d'infortune en infortune; Robert, pensif, rêveur, abattu, se promenait au milieu des ruines et faisait une reconnaissance générale du château : on aime à connaître son domicile quand il est agréable, on veut savoir à quoi s'en tenir quand il ne l'est pas. Le résultat de l'inspection ne fut pas plaisant. Des murs dégradés, des planchers percés et pourris, pas une escabelle pour se reposer, la terre pour lit de plume, de mauvais plafonds pour couverture, et nul moyen d'empêcher l'oiseau nocturne de le réveiller d'un coup d'aile qui lui rasera l'oreille ou le bout du nez. Robert s'affligea peu de tout cela; mais une heureuse expérience lui avait appris qu'à son âge on dort partout.

Mais aussi à son âge on ne dort pas l'estomac vide, et, lorsqu'on a soupé la veille avec deux pommes de terre, on doit avoir besoin de déjeuner à midi. La faim, très-humble servante du riche, ennemie irréconciliable du pauvre, se faisait vivement sentir, et il n'était pas prudent d'attendre qu'elle devînt insupportable pour chercher de quoi l'apaiser.

Robert délie un de ses faisceaux, prend sept à huit bâtons sous son bras et se met en campagne. Intéressé à bien voir, il voudrait pénétrer au delà de son hémisphère; il en recule les bornes en continuant d'avancer; il démêle enfin dans l'éloignement des monstres ailés dont le vol pesant le fait sourire. Il oublie un moment les idées sombres produites par une solitude absolue et par des sites que le soleil semble éclairer à regret. Il marche fièrement; il menace le cormoran, le héron, qui habitent les bords d'un étang immense, et qui trouvent, au bout de leur long bec, la subsistance que Robert attend de son bâton.

Il s'approche, les genoux ployés, les épaules basses; il retient son haleine, il craint de toucher la terre; il va lancer le bois homicide… Ceux qu'il a cru surprendre l'ont aperçu depuis longtemps; ils l'ont observé, ils ont suivi tous ses mouvements. Ils s'envolent, ils traversent l'étang, ils se posent sur la rive opposée. Robert, abusé par un espoir qui ne doit pas se réaliser, les suit avec opiniâtreté. Vingt fois il est prêt à frapper, vingt fois ses victimes rusées lui échappent. Elles fuient, elles s'éloignent enfin pour ne plus revenir. Robert, désolé, excédé, mourant de faim, s'assied et se consulte sur le parti qu'il va prendre : l'enfant de la nature est vraiment embarrassé.

Quelques plantes au vert pâle, à la feuille épaisse et longue, se montrent çà et là, et piquent sa sensualité : on n'est pas difficile quand on manque de tout. Robert saisit, tire avec effort; la terre cède; une racine noirâtre vient avec les feuilles. Il la dévore; il passe à une seconde, à une troisième, et s'aperçoit de l'amertume insoutenable du seul mets que lui offre cette terre vierge que la main de l'homme n'a pas défigurée.

Il rejette ce qui lui reste dans la bouche. Il cherche à ranimer son courage et il se décide à marcher vers la mer. Sans doute le courlis, l'oie sauvage, l'aigle marin seront moins farouches que le héron et le cormoran. Milord lui a juré qu'il les tuera à volonté, et milord doit en savoir quelque chose puisqu'il a un château dans le pays.

Il n'y avait qu'une petite difficulté à ce nouveau projet, c'est que Robert ne savait trop de quel côté tourner. Il marche au hasard; il marche longtemps sans découvrir l'Océan, par la raison très-simple qu'il lui tourne le dos.

Un buisson touffu frappe ses regards. Il est chargé d'un petit fruit rouge dont le coloris semble annoncer la saveur. L'enfant affamé cueille, il goûte… une chair filandreuse et sèche, et le suc qu'il en peut exprimer d'une acidité aussi prononcée que l'amertume des racines que lui a offert la nature. Trompé, exaspéré, désespéré, il s'en prend de ses fautes à l'innocent buisson; il le frappe, dans sa fureur aveugle... Un lapin part; Robert lance un bâton et le manque, un second coup succède au premier. L'animal frappé, se roule, se débat, expire. Vous voyez que les leçons que Robert a reçues sur le galet de Dieppe n'ont pas été inutiles.

Concevez aussi quel transport il éprouva, passant tout à coup de l'extrême disette à la grande abondance. Il s'arrêtait devant sa proie, étendue à ses pieds; il la regardait avec complaisance, l'œil animé, rouge de plaisir. Les convulsions d'un estomac souffrant se communiquent à ses mâchoires, qui s'ouvrent et se referment par un mouvement rapide et machinal... Il va apaiser la faim qui le tourmente.

Hélas! hélas! et quatre fois hélas! on peut manger un lapin cru, mais le manger avec la peau et le poil, oh! ma foi, c'est trop fort. Cependant Robert n'a pas de couteau, et ses ongles ne sont pas assez longs, assez durs encore pour lui en tenir lieu. Si un caillou tranchant..... il regarde autour de lui; il fait quelques pas à droite, à gauche..... du sable, toujours du sable.

Ventre affamé n'a pas d'oreilles, dit La Fontaine, j'ajouterai qu'il ne connait pas d'obstacles. Robert prend son lapin par les pattes de devant et de derrière, il allonge, il tend ainsi la peau du ventre; il y fait une incision avec les dents; il introduit ses mains dans l'ouverture; il déchire la peau, il la met en pièces. Ses genoux lui servent de table. Le voilà à son petit couvert.

Bientôt son visage est couvert de sang ; il coule de son menton sur sa veste, dans sa chemise, dans et dessus sa culotte. Mais il mange, il se repait, il retrouve des forces. Sa voracité apaisée, il reconnait que cette viande, tant vantée est fade et dégoûtante. Les entrailles qui tombent sur ses cuisses, sur ses jambes, les lambeaux sanglants qu'il a autour de lui ajoutent à son dégoût. Son cœur se soulève, il est prêt à rendre ce qu'il a mangé avec tant de volupté. Il se lève, il s'éloigne, il revient bientôt, ramené par cette réflexion, qu'on ne trouve pas tous les jours des lapins qui se laissent tuer à coups de bâton, et que le plus grand malheur qu'il ait à redouter, c'est de mourir d'inanition. Il ramasse soigneusement les débris de sa chasse et les serre dans sa poche.

Qui aurait reconnu dans ce boucher, dans ce farouche anthropophage, ce joli petit Robert que Louison avait si élégamment vêtu à Rouen, et dont tout le monde admirait la gentillesse?

L'homme de la nature, lorsqu'il a apaisé sa faim, ne cherche plus que le repos. Robert qui entrevoyait encore le haut des tourelles du château, se dirigea de ce côté. Son premier soin en arrivant fut de défendre des attaques des rats ce qui lui restait de provisions. Un trou, une pierre pour le couvrir, voilà tout ce qu'il fallait, et cela se trouve partout. L'endroit où il reposerait lui était assez indifférent : aucun ne méritait de préférence marquée. Il se mit dans le premier coin, s'étendit à terre tout habillé, et pour cause.

Un sommeil réparateur allait fermer sa paupière, lorsque le mal de cœur se renouvela de manière à l'effrayer. Milord eût dit que l'indigestion n'était causée que par le peu d'habitude de vivre de viande crue. J'eusse répondu à milord qu'un sauvage ne mange son ennemi qu'après l'avoir fait cuire.

Un copieux vomissement soulagea Robert; mais un frisson pénible succéda à l'évacuation. Forcé de se lever et de marcher pour rappeler un reste de chaleur, il se livrait aux plus cruelles réflexions. — Ah! si j'avais écouté mon ami Rifflard!... Pan! une tape à la tête lui coupe la parole. — Si au lieu de faire des projets... Un autre coup au genou lui fait faire encore une réticence. Il passe une partie de cette triste et longue nuit en alternatives de regrets et de contusions, de contusions et de regrets. Le cri monotone et lugubre des oiseaux nocturnes ajoute encore à l'horreur de sa situation.

Robert cherchait à fuir ces glapissements sinistres, Il allait, il venait, il essayait de sortir de ce château infernal : il semblait qu'un esprit malin le conduisit toujours vers des angles saillants et l'éloignât de la porte. Grelottant, furieux de se heurter de tous les côtés, il se met à battre la semelle contre un mur, et bientôt ses membres engourdis se raniment. — Oh! oh! dit-il, il n'est pas si mal que les hommes vivent en société, car enfin, si je n'avais pas de souliers, je n'aurais pu battre la semelle, et si je n'avais battu la semelle je serais mort de froid.

Après cette courte digression, la plus sage qu'il eût faite de sa vie, il se recoucha et s'endormit d'un sommeil profond. Le soleil darda sur lui ses rayons bienfaisants et le rappela entièrement à la vie. Robert en s'éveillant sentit son cœur calme, sa tête libre et son corps assoupli.

Dans sa position, un besoin nouveau succédait à un besoin satisfait. Il avait rendu son dîner, et son estomac tiraillé indiquait à la fois le mal et le remède. Il a encore la moitié de son lapin; mais s'exposera-t-il à une indigestion nouvelle ou à tomber de langueur? Il faut opter cependant.

Si j'avais un briquet, disait-il, de l'amadou, des allumettes, je brûlerais ces lambris, ces chambranles, ces planchers : je grillerais ma viande sur des charbons. Un briquet, de l'amadou, des allumettes dont on fait si peu de cas dans le monde, et qui me seraient si utiles, doivent être l'ouvrage de bien des mains. Seul, je n'en peux produire la plus petite partie; seul, je m'ennuie, je souffre; la vie n'a nul charme pour moi. Oh! n'en déplaise à milord, il est bien que l'homme vive en société.

Si Robert avait eu moins de répugnance pour la lecture, il eût su, peut-être, que les arts ne sont que la perfection des moyens naturels, aussi sûrs que lents. Il eût fait du feu en frottant deux morceaux de bois l'un contre l'autre, et si quelqu'un se fût trouvé là pour lui faire cette observation, il eût avoué de bonne foi que l'instruction est bonne à quelque chose, car il commençait à raisonner très-juste; mais des raisonnements ne changeaient rien à son état. Bon gré, mal gré, il fallut à tout risque avaler le reste du lapin cru et essayer de le digérer à l'aide d'un violent exercice.

Il n'avait pas trouvé la mer en allant, à veillé, à gauche; il était tout seul de la chercher à droite : il ne faut pas cela ni avoir lu, ni être lo

Il la traîna, il la porta dans la grotte (page 34).

gicien. Robert, armé de bâtons, prend sa course, boit un coup en passant près d'une source, et arrive sur la crête de la falaise.

Une multitude d'oiseaux de toute espèce se balançaient entre le ciel et l'eau. Robert attend qu'ils s'approchent. Une heure, deux heures s'écoulent. Robert pense enfin que les oiseaux écossais ne se soucient pas plus que ceux de Dieppe du voisinage de l'homme. Il sent qu'il faut ruser ici comme ailleurs. Il observe la roche, il cherche une cavité qui puisse dérober et sa personne et ses desseins. Il tourne, il descend, il monte, il gravit, pour redescendre et remonter encore. Une ouverture vaste et profonde se présente au-dessus de lui. Il y parvient péniblement en s'accrochant des pieds et des mains aux fentes, aux pointes formées par des fractures dans la pierre. Il entre, et il n'a pas fait quatre pas, qu'il entend un cri aigu; l'air s'agite fortement autour de lui; un oiseau de la plus grande envergure le renverse en passant, et va planer au-dessus de la mer.

Robert, étourdi du plus vigoureux soufflet que jamais figure humaine ait reçu, se relève, secoue les oreilles, et ne pense bientôt qu'à la faute qu'il a commise en ne saisissant pas l'oiseau par une aile ou par la queue : il se fût vengé, et il eût assuré sa subsistance pour quatre jours. Combien de gens, de beaux diseurs surtout, ne trouvent ce qu'ils auraient dû faire ou répondre qu'un quart d'heure trop tard!

Il s'avance dans cette espèce de grotte; il espère pouvoir s'y cacher et surprendre l'oiseau brutal, ou tel autre qui y aurait fait élection de domicile. En tournant, en tâtonnant, il porte la main sur quelque chose de chaud. Il approche la tête, il regarde attentivement : — Des œufs! des œufs! s'écrie-t-il; vite, mangeons des œufs. Quelle fortune, quel régal! Il en casse un, gros comme son petit poing; il hume une substance molle, gélatineuse, sanguinolente, dont l'odeur lui blesse l'odorat. — Je comptais sur des œufs frais, dit-il avec un soupir, et ceux-ci sont couvés. J'en avais en abondance chez ma mère, et je n'y faisais pas la plus légère attention. Si du moins je pouvais me faire ici une petite basse-cour ! mais pour cela il faudrait démolir une partie du château, cuire de la chaux, ouvrir la terre, bâtir : il faudrait des outils, réunir l'expérience de dix à douze artisans différents, et chaque jour, chaque minute me pénètrent du malheur d'être seul. Et puis, comment avoir des poules ? elles n'habitent pas les déserts ; elles cherchent l'homme, elles vivent de son superflu ; elles sentent le besoin de la société, dont je me suis éloigné comme un sot.

Quand un solitaire parle ainsi, il n'est pas loin de l'idée de se réunir à la grande famille, et elle fût probablement venue à Robert, s'il ne se fût cru privé de tout moyen d'exécution : point de désir sans espoir. Souffrir et se plaindre, voilà quel lui semblait alors son sort présent et futur.

Robert avait vu aux bois de Boulogne, de Romainville, de Vincennes, la fauvette, la mésange, la linotte, revenir au nid dont la cruelle curiosité les avait éloignées. Le gros oiseau devait donc revenir au sien, et Robert, tapi dans l'endroit le plus obscur de la grotte, attendait impatiemment son retour. En effet, la mère alarmée rentre à tire d'aile, et vient féconder et défendre les fruits chéris de ses amours. Elle se pose sur ses œufs ; celui qui manque l'éclaire sur le danger qui menace les autres.

Elle voit Robert. Leurs yeux se rencontrent, se fixent. Elle a cédé, quelques minutes avant, à une terreur panique. Le sentiment de sa force, la faiblesse de l'agresseur la rassurent ; elle attend son ennemi.

— Comment donc, monsieur, vous accordez du raisonnement aux bêtes ! — Sans doute, monsieur, puisque vous raisonnez. Les animaux n'ont-ils pas évidemment leur cri de joie, d'inquiétude, de douleur, d'alarme ? et si leur langue pouvait articuler, que d'animaux parleraient plus sensément que le père Mallebranche !

Robert, qui craint bec et ongles, mais qui est réduit à tout entreprendre, Robert se lève, se présente en avant du nid, les jambes ouvertes, les bras étendus. La mère attentive suit ses mouvements ; son bec recourbé s'aiguise, ses nerfs s'étendent, ses ongles aigus s'allongent.

Robert sent l'impossibilité d'attaquer à force ouverte, et la nécessité d'une tactique. Il se baisse, il se traîne sous le nid ; il allonge vivement un bras ; il saisit l'oiseau par le cou. Il était vainqueur, s'il n'eût cédé à la crainte ; mais aux premiers mouvements de la mère irritée, il lâche sa proie ; il ne pense qu'à se dérober à son ressentiment. L'aigle, en liberté, fond sur lui, et l'attaque avec fureur. Robert n'a qu'un moyen, c'est de se mettre le visage contre terre. En un instant ses habits sont en lambeaux, sa tête est dépouillée de ses cheveux, elle est couverte de blessures. Tout malheureux qu'il est, il tient encore à la vie. Il se relève furieux, il a retrouvé un de ses bâtons. Éperdu, hors de lui, il frappe au hasard, mais il frappe sans relâche. L'aigle vaincue tombe à ses pieds, et lui paraît redoutable encore.

Il la traîne, il la porte dans la grotte, et, fier de sa victoire, il se hâte de sortir de ce lieu,... car enfin le mâle peut paraître, vouloir venger sa malheureuse famille, et Robert n'est plus en état de soutenir un second combat.

Oh ! combien, pensait-il, il est plus commode de nourrir, d'engraisser cette volatile imbécile, qui se laisse égorger sans résistance, et à laquelle un cuisinier habile donne une forme si ragoûtante ! Il faut ici que je me nourrisse de cette chair noire, dure, huileuse ; que je remplace mes habits déchirés par cette peau emplumée, sans apprêt et puante ! Oh ! milord ! milord ! combien vous avez abusé de ma jeunesse, de mon inexpérience ! Milord n'était pas là pour répondre, pour remédier au mal qu'il avait fait.

Robert voudrait laver ses blessures. Le ruisseau qui l'avait désaltéré coule à travers les roches, et se jette dans la mer. Il faut, pour s'en approcher, vaincre les obstacles qu'offre à chaque pas un terrain inégal et souvent coupé à pic. Robert, à qui ses deux mains suffisent à peine pour conserver l'équilibre, est gêné dans sa marche par le poids de son aigle, par un long cou, qui tantôt traîne derrière lui, tantôt s'embarrasse dans ses jambes. Il dépose son fardeau sur un tertre, et va chercher du soulagement à la douleur brûlante qu'il ressent à la tête.

Comment arrivera-t-il ? quelquefois le ruisseau est à deux pas de lui ; quelquefois il est forcé de s'en éloigner de dix toises. Il voit à trente ou quarante pieds sous lui un bassin de cette eau qui joue, qui s'arrête dans une cavité de la roche. La pente est rapide, mais unie ; il n'a qu'à se laisser glisser. Il s'assied, il se laisse aller, il arrive. Un bain salutaire étanche son sang et en calme l'ardeur. Oh ! s'il avait des ciseaux ! il couperait ses cheveux, qui vont retomber, se sécher dans ses plaies, les irriter encore. Mais que de mains employées avant que le fer deviné, tiré de la terre, coulé, forgé, limé, poli, devienne enfin un instrument tranchant ! Robert avait vu des maçons, et n'avait pas d'idée de l'exploitation des mines ; mais il désirait des ciseaux, et il sentait qu'il ne pouvait en faire.

Lavé à grands flots, pansé tant bien que mal, désaltéré, rafraîchi, il leva les yeux vers l'endroit où il avait laissé son aigle. Ce talus, qu'il avait descendu en sacrifiant son unique culotte, lui offre une roche presque droite et unie sur toute sa surface. Nul homme ne la remonterait sans échelle, autre instrument si nécessaire, si simple, et dont il faut encore qu'un enfant de la nature apprenne à se passer.

Quand on ne peut pas remonter, il faut s'arrêter, ou continuer à descendre. S'arrêter là où il n'y a que l'eau pour toute nourriture, et que le ciel pour toit ! Robert se tourne une dernière fois vers son aigle, qui lui coûte si cher, qui est en ce moment son unique ressource, et il se décide à l'abandonner et à descendre.

Il espère trouver au bas de la falaise un chemin praticable qui le ramènera au point d'où il est parti. Il se promet bien, s'il surmonte tant de difficultés, de s'éloigner à jamais de ce malheureux château, et d'aller chercher des hommes. Ils peuvent être rares dans ce canton; mais, enfin, l'Écosse n'est pas un désert. Oh! s'il avait eu plus tôt cette bonne idée! mais l'expérience est ordinairement le fruit du malheur, et celle des pères est perdue pour les enfants : un savant, je ne sais plus lequel, nous a déjà dit cela.

Aux dépens de la peau de ses genoux, de ses mains, de la doublure naturelle de sa culotte, Robert glissant, s'accrochant, sautant de pierre en pierre, s'arrête tout à coup sur une vaste plate-forme, et là, cessant de craindre pour sa vie, il porte la vue autour de lui..... Un banc d'huîtres blanches et dodues, qui s'ouvrent à l'approche du flux qui va leur apporter une eau nourrissante et nouvelle!..... — Passe pour des huîtres, disait-il, cela peut se manger cru. Et, en effet, il en avait mangé à Paris, sans savoir d'où elles viennent, comme tant de bonnes gens ignorent par quels travaux se prépare leur petit pain au lait. Laboureur, semer, herser, sarcler, moissonner, battre, faner, moudre avec une mécanique à laquelle ont concouru le charpentier, le menuisier, le carrier, le serrurier, le fabricant d'étamine, le chamoiseur ; et puis le maçon qui a construit le four ; le mitron qui a pétri et fait lever la pâte ; le bûcheron qui a fourni de quoi la cuire ; le commissaire qui veille à ce que la mitronne ne vole pas le public ; que de choses à faire avant de tremper la flûte dans la bavaroise au lait !

Robert, qui a renoncé à ses aises, ne pense ni à la flûte, ni au pain mollet. Il se console, à l'aspect des huîtres, de la perte de son aigle, qui, après tout, n'était pas fort à regretter. Il insinue un doigt dans un de ces coquillages ouverts. L'animal le replie, s'enferme. Robert veut retirer son doigt ; l'huître qu'on enlève de la roche sur laquelle elle a crû, l'huître serre plus fort, et Robert pousse des cris qu'étouffe le mugissement des vagues.

Cette roche, jusqu'alors si perfide, lui devient pourtant favorable. Il frappe contre la pierre l'impitoyable étau dans lequel son doigt est broyé ; il frappe à coups redoublés, et avec tant de violence, que la charnière qui unit les deux parties se brise. Il a rendu la liberté à son doigt, mais à un doigt coupé jusqu'à l'os. Plaies à la tête, plaies aux reins, aux fesses, aux coudes, aux genoux, à la main, Robert n'était qu'une plaie, et toujours, toujours de tous ses maux la faim était le plus cruel.

Ces fables de La Fontaine, que les enfants répètent comme des perroquets, avec les gestes et les minauderies de leur institutrice mère ; ces fables que doit écouter tout venant, auxquelles il doit applaudir, et dont il faut se défier comme de la fortune du pot, du gigot qui a bon goût, du vin du cru, d'une femme d'un bon caractère, des talents de la demoiselle de la maison ; ces fables si naïves, si instructives pour l'âge mûr, furent inutiles à Robert. Il n'avait ennuyé les amis de maman que du maître *Corbeau* et de la *Cigale* ; il n'avait pas poussé ses études plus loin. S'il eût appris la fable du *Rat et l'Huître*, il s'en fût souvenu dans cette circonstance. Il la connut plus tard, et l'appliquant à des objets d'une autre importance, il en recommandait la lecture, avec l'enthousiasme que mettait le bon La Fontaine à préconiser Baruch.

Des milliers d'huîtres entr'ouvertes s'offraient de toutes parts au malheureux affamé. Il les regardait, il les convoitait. Un penchant irrésistible le pousse, et il tremble pour ses doigts. Que deviendra-t-il s'il se met dans l'impuissance de se servir de ses mains ! Que deviendra-t-il encore s'il ne mange pas d'huîtres ?

O bienheureux Rocher de Cancale, où les gourmands se gorgent de ce coquillage, sans avoir même recours au couteau que Robert, en ce moment, eût préféré aux trésors de Golconde, où on prévient les désirs, où on vous épargne jusqu'aux moindres soins, où on mâcherait pour vous, si vous le désiriez, où on digérerait même pour le prochain, si la chose était possible ! Il est vrai que chaque mangeur doit pour sa part payer le loyer, les garçons servants, monsieur le chef de cuisine, le triste feu du poêle, les viandes qui ne sont pas consommées. Il faut qu'il paye le blanchissage, le vigneron, les droits d'entrée, le boulanger, l'écaillère et sa marchandise. Il faut encore qu'il paye sur tous ces objets étrangers à la maison vingt-cinq pour cent de bénéfice au maître. Oh ! c'est une grande économie que de manger des huîtres au Rocher de Cancale !

Voyons enfin comment Robert mangera les siennes. Il tournoit, non autour du pot que naguère cuisait pour lui sans qu'il s'en mêlât, mais autour de l'immense cloyère qui s'offrait à lui. Il avançait, il reculait... un caillou, auquel le bout de son pied a communiqué du mouvement, tombe entre deux coquilles qui se resserrent sans pouvoir se fermer. Robert s'approche, il examine, il observe; il s'assure par différents essais que le caillou est aussi fortement comprimé que l'a été ce pauvre petit doigt. Il en hasarde un second, un troisième, il arrache l'huître à sa retraite, il l'avale... Oh ! qu'elle lui parut bonne! oh! combien lui parut précieuse cette multitude de cailloux que jusqu'alors il avait foulés avec dédain ! Il en remplit ses poches, il va d'huître en huître, et il insinue chaque caillou avec le sourire de la sensualité.

Bientôt il n'a plus qu'à se baisser et prendre, bientôt il commence son repas. La délicatesse du mets, sa faim inextinguible eussent fait de ce dîner l'emploi du reste de la journée, si l'Océan, sans considération pour l'innocent dévastateur, ne fût venu mouiller successivement le bout de son pied, sa cheville et une partie de ses petites jambes. Convaincu de la nécessité de faire retraite, Robert regarde derrière lui: toujours les mêmes difficultés pour remonter. Il faut gravir pourtant, ou être submergé.

Il mesure de l'œil les différentes roches qui sont accessibles encore. Il a retrouvé des forces et du courage; il fait des efforts inouïs. Il recule, il monte, il retombe; il parvient enfin à la surface d'une pierre, où il n'a rien à craindre de la fureur des vagues, où il peut se coucher, sur laquelle même il peut se promener par trois pas dans tous les sens.

Il regarde au-dessus de lui... nul moyen de

monter plus haut. Il regarde à droite, à gauche ; nulle apparence de sentier. Partout une roche perpendiculaire ou saillante lui ôte jusqu'à l'espérance. Si du moins ce banc de coquillages s'étendait au loin, il le suivrait à la marée basse, il trouverait probablement quelques ouvertures praticables ; mais ce banc est borné, son œil en a embrassé l'étendue, et il n'a vu aux deux extrémités que les flots battant, dégradant le pied de la falaise.

Heureusement, son ruisseau est à sa portée. Ses huîtres sont à la vérité abondantes et d'un goût excellent ; mais s'il doit passer là sa vie, exposé aux injures du temps, cloué douze heures par jour sur cette pierre, c'est devenir huître lui-même.

La nuit qui s'approchait rendait de moment en moment ses réflexions plus sombres et plus douloureuses. Un vent de bise qui s'élève tout à coup, une pluie froide, le glacent jusqu'à la moelle des os. — Pas un abri, s'écriait-il, et mes habits sont en lambeaux.

C'est alors qu'il regrette ce misérable château, qu'une heure auparavant il voulait fuir sans retour ; c'est alors qu'il maudit milord, qu'il lui attribue ses maux présents et ceux qui lui sont réservés. Il appelait à grands cris sa mère, qu'il gémissait alors d'avoir abandonnée, et qui, même en le punissant, était si loin des rigueurs de cette implacable nature dans les bras de laquelle il s'est imprudemment jeté. Il invoque, il supplie, il regrette son ami Rifflard, qui, sage et heureux au sein de sa famille, jouit de l'industrie de ses contemporains en attendant l'époque où il pourra à son tour payer sa dette à la société. Ces souvenirs lui arrachent des pleurs ; ses yeux remplis de larmes ne lui permettent plus de distinguer les objets. Il les essuie cependant ; il craint de franchir sans s'en apercevoir le court espace qui le sépare du précipice et du néant : tout malheureux qu'il est, il tient encore à la vie.

Ciel ! ô ciel !... se trompe-t-il ?... est-ce une illusion, un songe ? une barque à voile et à rames longe la côte, et va passer à cent verges de lui ! Il ne peut en croire ses sens. Il essuie ses yeux encore, il les frotte, il les rouvre. — Oui, oui ! c'est bien une barque, c'est un sauveur qui s'offre à moi. Mais les vents qui sifflent lui permettront-ils de se faire entendre ? Il s'élance sur la pointe des pieds, il élève les bras, il appelle, il crie. L'espérance soutient, nourrit cette voix grêle, dont les sons se perdent dans l'immensité. La barque suit sa route ; quelques minutes encore, et elle aura dépassé le malheureux. Robert juge qu'il n'est pas entendu, qu'il ne peut l'être, et le désespoir s'empare de lui. Il achève de mettre en pièces ses vêtements, dont les restes devaient lui être si précieux ! Il en jette les lambeaux çà et là ; il s'arrête à la pensée de se précipiter lui-même et de terminer en un instant ses malheurs.

Sa chemise percée, déchirée de toutes parts, s'attache à une pointe de la roche ; le vent la soulève et la fait voltiger à son gré. Cette chemise, déplorable reste de son opulence passée, devient le gage de son salut. Elle a été vue par le maître de la barque, qui soupçonne quelque chose de la vérité. Il cherche à pénétrer les ténèbres qui s'épaississent à chaque instant ; il croit distinguer un être nu et souffrant ; il cingle droit sur la falaise.

Oh ! de quel horrible poids Robert fut délivré lorsqu'il vit cette barque protectrice s'approcher de lui ! Il ne pense plus à mourir ; la vie lui redevient chère. Il croit que la sienne peut être fortunée encore ; il jouit surtout de l'idée de la passer avec des hommes.

— What do you do here (1) ? lui dit le patron. — Par grâce, sauvez-moi, lui répond l'enfant. — You don't speak english (2) ? réplique le marinier. — Mon bon monsieur, je suis à demi mort de froid. — Since it is so, I must speak scotch (3) ? — Je ne vous rendrai pas ce que le bonhomme dit en écossais, parce que je ne l'entends pas plus que Robert n'entendait l'anglais. Je vous apprendrai seulement que l'honnête marin prit l'infortuné dans ses bras, le porta dans son bateau, le roula dans une vieille capote, lui fit prendre deux doigts de rhum, et remit à la voile.

La belle chose que la société ! pensait Robert réchauffé, transporté mollement. A peine ai-je rencontré un homme, que mes malheurs sont finis !... Projets insensés, où m'aviez-vous réduit !

La barque s'arrête dans une anse près de Sincler, endroit misérable, habité par des gens dont la plupart arrachent à la mer une subsistance que le sol leur refuse, mais dont la misère n'a pas éteint la sensibilité.

Le bon pêcheur reprit l'enfant et le porta à sa cabane. Des murs enfumés, de la terre battue pour plancher, un toit de roseaux, en voilà la description. Une femme, des enfants en guenilles, mais frais, gaillards, dispos, se nourrissant d'un peu de pain noir, de poisson grillé, assaisonné d'un grain de sel et de quelques topinambours qui croissent dans le sable comme ailleurs. Ils avaient pour lit la paille de l'orge dont se nourrissait la famille. Si le poisson abondait, on allait en vendre le superflu à Wick, et l'épouse attentive en rapportait quelques douceurs, uniquement réservées pour son mari, qui s'exposait à tout, qui bravait tout pour soutenir son humble ménage. Les femmes de ses compagnons avaient pour leurs époux les mêmes soins, les mêmes égards. La pauvreté, le travail et l'éloignement des villes, produisent ordinairement des mœurs et des vertus.

Cette cabane, ses habitants qui, dans des temps plus fortunés, eussent révolté la délicatesse de Robert, lui paraissaient alors un séjour enchanté, les premiers des humains. Il est accueilli, caressé, fêté, soigneusement pansé ; il revoit du feu, du pain ; le gril est placé sur la braise ; on prépare le poisson. Robert en mangera sa part, et il le mangera cuit ! Pour concevoir son ravissement, il faut, comme lui, s'être tiré d'une situation désespérante.

Le pêcheur et sa femme se parlaient, paraissaient se consulter, pendant qu'ils soupaient tous, assis sur de mauvaises bancelles, autour d'une table vermoulue. Ils adressaient de temps en temps la

(1) Que faites-vous ici ?
(2) Vous ne parlez pas anglais ?
(3) Puisque cela est ainsi, je vais vous parler écossais.

parole à Robert, qui branlait la tête et qui ouvrait les bras, ce qui veut dire partout : Je ne vous entends point. — Franccis, Franccis, moutsiou? s'avisa enfin de baragouiner le mari. — Oui, oui, répondit Robert, je suis Français. Nos bons Ecossais parlèrent quelques instants encore, firent signe à Robert de s'aller jeter sur la paille à côté de leurs enfants, et se retirèrent dans leur coin, entre le sommeil et l'amour.

Nous trouvons extraordinaire, nous autres gens du bon ton, que ce qu'il nous plaît nommer la canaille connaisse aussi l'amour. Aucune de ces tournures de phrase si délicates, si sentimentales; aucun de ces préliminaires charmants qui tiennent lieu à l'homme usé de ce qu'il envie au fort de la halle. Veux-tu, mon cœur? dit celui-ci. — Je le veux, Jacques, répond la fille aux joues rebondies et colorées, et leurs plaisirs les mettent fort au-dessus de tant de jolis messieurs, de belles dames, qui soupirent les vers de Tibulle, de Pétrarque, de Gentil-Bernard, et qui souvent s'en tiennent là, faute de pouvoir faire mieux.

Robert dormit d'un profond sommeil, et cela devait être; mais, comme les nuits sont longues lorsqu'on se couche immédiatement après souper, et qu'on soupe à sept heures, Robert éveillé avant le jour, repassait dans sa mémoire les différents événements de sa vie; notre mémoire est notre bourreau dans le calme et l'obscurité. Très-près du malheur encore, il gémissait de ses fredaines, il regrettait ce temps heureux où il avait à peine repassé le seuil de M. Morisset, qu'il se livrait à ses camarades à ses saillies, à sa gaieté, en attendant un excellent diner, dont les apprêts ne le regardaient pas. Il est vrai qu'il fallait étudier ou en faire le semblant, deux heures le matin et autant l'après-diner ; mais que M. Morisset, que sa mère fussent satisfaits ou non, il n'était jamais réduit à manger du lapin cru, à se battre avec des aigles, à vivre sur une pointe de rocher. Voilà pourtant, pensait-il, où m'a conduit la manie des projets : je n'en ferai de ma vie.

Je vais me lever avec le soleil. Le bon pêcheur me laissera sa grosse capote; il me donnera la chemise d'un de ses enfants, la culotte d'un autre... Oui, mais des bas et des souliers?... Ses enfants n'en ont pas, et je ne puis m'en passer comme eux. Je me mettrai en route; je trouverai sûrement à Wick le packet-boat qui m'a apporté ici. Le capitaine me reconnaîtra, il me prendra à son bord et me conduira à Dieppe, d'où je me rendrai à Paris... Et la voiture ? j'ai l'habitude d'aller à pied... Mais les auberges? il me restait neuf francs, et je les ai jetés à la mer avec le dernier morceau de ma culotte. Imbécile, insensé!... Bah, bah, je suis joli garçon, mademoiselle Louison me l'a dit, et un joli garçon intéresse toujours. Je rencontrerai quelque dame, quelque lord qui n'aura pas la manie d'être l'homme de la nature, et j'arriverai commodément chez ma mère. Ma mère grondera. — Non, elle ne grondera pas; elle sera trop aise de me revoir, et puis si elle a de l'humeur, qu'en résultera-t-il de pis? du pain et de l'eau. J'en aurai du moins en abondance de ce pain si blanc, si beau, qui me paraîtra délicieux, puisque j'ai trouvé si bon ce vilain quignon noir dont j'ai soupé hier.

Je retournerai chez M. Morisset. Je suivrai en tout l'exemple de Rifflard. Je me vois d'ici le plus fort écolier de ma classe, de ma pension, de l'université. A la fin de chaque année j'enlève tous les prix. Mon nom devient célèbre, on ne parle que de moi. M. le recteur me présente partout. Un président au parlement m'engage à faire mon droit ; un maréchal de France à entrer au service ; un archevêque à prendre mes degrés en Sorbonne. Je me décide pour le barreau. Mon éloquence me fait des protecteurs puissants, on m'offre une charge de conseiller... A propos, cela se donne-t-il, cela se vend-il, une charge de conseiller? N'importe, me voilà membre d'une cour souveraine. Mes rapports étonnent, séduisent, entraînent. Le roi me mande chez lui, me dit de très-jolies choses et me fait son chancelier. Oui, oui, voilà qui est supérieurement vu, et qui vaut bien mieux que des projets.

Pendant que Robert enfantait de puérils et d'invraisemblables, le maître pêcheur était sorti, et rentra accompagné d'un homme qui portait une robe de bure grisâtre, un bonnet jadis noir, qui tombait sur ses oreilles, des guêtres et de gros souliers ferrés. Il s'approcha de Robert, courbé sur son bâton, et lui parla français.

Avec quel plaisir notre aventurier entendit sa langue maternelle! avec quel empressement il répondit! Un mot, une question amenait une histoire qui ne finissait pas. Le vieillard écoutait avec intérêt, avec sensibilité. Au bout d'une heure, il n'ignorait rien de ce que Robert avait fait, dit et pensé.

— Je suis bien pauvre, lui dit-il; mais j'ai toujours quelque chose en réserve pour celui qui a moins encore. Levez-vous et suivez-moi.

Robert ne se le fait pas répéter. Il prend la capote sous un bras, la culotte du fils aîné sous l'autre; il s'en est accommodé, il va s'en vêtir... Le pêcheur lui parle avec douceur, avec bienveillance, et le vieillard traduit avec un ton plein de bonté. Le pêcheur avait dit à Robert que son fils ne possédait qu'une culotte, et qu'il était assez naturel qu'il la conservât; qu'une capote est très-utile en mer en temps de pluie, et que, lorsqu'on ne peut en acheter une neuve, il faut garder celle qu'on a.

Robert devenait industrieux. Ne pouvant avoir de vêtements à lui, il s'avisa de partager ceux d'autrui. Il lève la jaquette du bon vieillard, s'enfile dans sa soutanelle, se colle à lui, et sort sa tête par la fente de sa poche, afin de pouvoir respirer et de voir à se conduire.

Il suivait gaiement son nouveau patron. Celui-ci s'arrête en sortant de la chaumière, et, lui montrant du doigt l'Océan et la roche d'où il avait tenté de se précipiter : — Voilà, dit-il, l'endroit où vous étiez hier, où vous pensiez terminer votre misère et votre vie. Un homme, qui ne vous devait rien, s'est exposé pour vous arracher à la mort; il vous a conduit dans sa cabane ; sa femme vous a reçu comme un de ses enfants, et déjà ce bienfait est effacé de votre mémoire? Robert, l'étourderie est l'écume que jette une bonne tête qui fermente encore; l'ingratitude est un vice du cœur : êtes-vous étourdi ou ingrat?

Robert ne réplique pas un mot. Il rentre sa tête, s'échappe de dessous la robe du digne homme, court à travers la chaumière, embrasse tous ceux qu'il rencontre, les embrasse encore en leur criant : Je vous remercie. On n'entendait rien de ce qu'il articulait; mais son teint animé, ses gestes expressifs, son œil humide, disaient tout. Il est un langage que les mille et une grammaires n'enseignent pas, et qui est senti par les hommes de tous les lieux et de tous les temps. Le pêcheur secoua la main et le bras de Robert; sa femme le pressa sur son sein. Le bon vieillard regardait de la porte, et une larme de plaisir coulait sur ses joues, sillonnées par le temps.

Le protecteur et le protégé arrivèrent à une habitation qui n'était pas fort au-dessus de celle du pauvre pêcheur. Une vieille gouvernante grogna, en voyant arriver un petit être absolument nu, que sans doute on allait habiller de la tête aux pieds. Le bonhomme la laissa dire; il ne transigeait pas avec ses devoirs, et il croyait la charité le premier de ceux qu'il eût à remplir. Par ménagement pour la chasteté de Betty, il passa Robert dans une vieille culotte de panne noire, dont la jarretière descendait à mi-jambes, et dont la ceinture montait jusque sous les aisselles. Le costume n'avait rien d'élégant; mais il était économique, car enfin, un gilet, une vieille paire de souliers avec cela, et voilà le petit malheureux équipé de pied en cap.

Pendant que le vieillard cherchait dans ses guenilles de quoi compléter l'ajustement de Robert, l'enfant regardait, du coin de l'œil, le reste d'une éclanche de mouton, flanquée de carottes et de navets. Le brave homme intercepta un de ces regards de convoitise; il suspendit ses recherches pour mettre le plat devant Robert. — Avec quoi dînerez-vous? lui dit l'acariâtre Betty. — Ses besoins sont plus pressants que les miens, répondit le bonhomme.

Betty était prévoyante, et elle avait deviné juste. Robert festoya si bien le gigot, qu'elle et son maître ne trouvèrent à midi que des os à racler. Le vieillard mangeait un morceau de pain de seigle, et sa figure était rayonnante. — Du pain sec! grommela Betty entre ses dents. — Il est délicieux par le bien que j'ai fait à cet enfant. Voyez comme il est gai, comme il joue! — Bah! croyez-vous que ces évêques qui ont cuisinier, laquais, équipage... — Betty, ne condamnons personne, et prions pour tous.

Il faut enfin vous faire connaître cet homme extraordinaire, qui honorait une profession qu'on regarde comme honorable; qui, sans faste, sans orgueil, pratiquant la vertu par penchant et par goût, était digne de servir de modèle à tous ses confrères... Il vécut et mourut pauvre, heureux et ignoré.

Son père, William Cammeron, avait suivi le roi Jacques, détrôné, fugitif, pour avoir manqué des qualités nécessaires à un roi, à qui il en faut tant pour prévenir ou calmer les convulsions du corps politique! Cammeron aimait son prince. Brave officier, homme sage, éclairé, mais abusé par ses désirs, il espérait aider à rétablir Jacques, ou mourir à ses côtés.

Son fils avait vingt ans. C'est l'âge où l'on commence à juger; c'est aussi celui où l'on s'égare. Le jeune homme prédit que Guillaume, brave, actif, entreprenant, ayant pour lui les vœux du peuple anglais, l'emporterait enfin sur son rival. Il est dur, pour un grand cœur, de recevoir des bienfaits d'un prince qui ne se soutient que de ceux d'une cour étrangère, et qui renonce à la gloire, à vingt ans, est capable de tous les sacrifices. Cammeron se dévoua. Il prit les ordres, et repassa en Écosse, après quelques années de séjour en France. Il trouva des infortunés à qui on voulait ôter tout, jusqu'à leurs opinions religieuses. Il les consultait, il les encourageait, il maintenait, il rétablissait la paix dans les familles. Quelquefois, il manquait du nécessaire; il prenait patience, en pensant au bien qu'il avait fait.

Robert joignait à sa jolie petite mine une imagination vive, la repartie juste et prompte, et la véritable vertu se plaît quelquefois à sourire. M. Cammeron s'attachait de jour en jour à l'enfant. En revanche, l'aversion de la vieille gouvernante croissait en proportion de l'amitié de son maître, et avait-elle tant de tort? Quand on n'a entre deux personnes que la moitié de ce qu'il faut, et qu'un intrus, riant, sautant, caressant, dévore à lui seul les deux tiers de cette moitié-là, il est assez naturel d'avoir de l'humeur, à moins qu'on ne soit un ange, et Betty n'avait rien d'angélique, rien absolument. Elle eût été une admirable gouvernante d'évêque, si la dignité de ces messieurs pouvait se borner aux services d'une vieille fille. Elle eût engagé monseigneur à donner son superflu, si elle eût pu le déterminer à en avoir; elle eût été enchantée d'être le canal des grâces, de jouer un rôle dans les alentours de la cathédrale, de recevoir les révérences des bonnes femmes, et le salut de protection du suisse, qui par toute la chrétienté se croit un personnage parce qu'il a un peu de galon, un nœud d'épaule et un baudrier qui ne lui appartiennent pas, parce qu'il porte une rouillarde en dépit de ces paroles expresses: *Quiconque tire l'épée, périra par l'épée...* Il est vrai que les suisses d'église ne la tirent jamais.

Mais, sans scrupule et sans danger, ils donnent de la pointe du bâton de leur hallebarde sur les pieds de ceux qui ne se rangent pas assez vite, et les contorsions de l'inconcevable patient ne leur font rien perdre de leur grand sérieux. C'est l'âne chargé de reliques qu'un suisse de paroisse.

Où en étais-je donc?... à Betty, qui n'était pas digne d'être la gouvernante d'un pauvre prêtre écossais; qui haïssait Robert, qui le lui rendait bien.

Quel plaisir pour M. Cammeron de calmer les inquiétudes d'une mère! Son premier soin avait été d'écrire à madame Robert. Il faisait l'éloge des qualités physiques et morales de l'enfant; il le croyait propre à tout; il ne doutait pas qu'il fût un jour l'honneur de sa famille; enfin il avouait que ses moyens ne lui permettaient pas de le renvoyer; mais s'il plaisait à madame de lui adresser une lettre de change sur Edimbourg, il y conduirait l'enfant ; le mettrait dans le coche de Londres, où il serait reçu par un pauvre prélat, condamné d'avance, comme lui, à être pendu s'ils étaient surpris disant la messe, ce qui ne les empêchait pas de la dire tous les jours. Les hommes sont de bizarres animaux. Ils pendent ici ceux qui disent la messe ; ils brûlent là-bas ceux qui n'y vont point... Pas de réflexions là-dessus : Dieu a fait l'homme à son image.

Où en suis-je encore ? Ah ! le pauvre évêque de Londres ne manquerait pas d'envoyer le petit à Douvres, d'où la maison Minet, qui est de tous les pays et de toutes les religions, l'embarquerait pour Calais, d'où le père gardien des capucins le mettrait en route pour Paris. En attendant la réponse de madame Robert, M. Cammeron avait soin de faire employer le temps à son fils. Il commençait la journée par servir une cave une messe qui en valait une chantée dans une basilique, si tant est... Après la messe, le déjeuner ; après le déjeuner, la lecture, l'écriture et la déclinaison de musa ; ensuite, une heure de récréation ; puis le dîner, et jusqu'au coucher, répétition, à la messe près, des exercices du matin.

Robert se prêta d'abord très-volontiers à tout cela : il se doutait bien que pour être chancelier il faut savoir un peu de latin. Mais à mesure que l'aigle et le lapin cru s'effaçaient de sa mémoire, l'ennui de la science se faisait sentir, et le goût de la simarre et des sceaux s'affaiblissait sensiblement. Bientôt le travail lui parut pénible, et enfin il ne fit plus rien, qu'autant qu'il y était forcé par la présence de M. Cammeron.

Et comme il fallait qu'il fût toujours occupé de quelque projet, il chercha avec l'ardeur infatigable de la vengeance les moyens de rendre à Betty les niches secrètes qu'elle lui faisait.

Betty n'osait contrarier ouvertement son maître ; mais elle faisait les portions, et elle manquait rarement de glisser dans celle de Robert une poignée de sel ou de poivre. Robert s'en apercevait à merveille, et mangeait toujours en prenant note dans sa mémoire de chacun des tours que Betty lui jouait. M. Cammeron prétendait ne pouvoir avaler sa modique pitance, et il passait à Robert ce qu'il lui plaisait d'appeler son superflu. Si le maître et l'élève regardaient la porte ou la croisée, une mouche ou un hanneton, crac, une pincée de cendres tombait dans l'écuelle. Robert, sans se démonter, prenait le coin d'une grosse serviette qui servait ordinairement pendant la quinzaine, il en faisait une espèce de chausse, et il trempait son pain dans la sauce qu'il avait clarifiée. M. Cammeron, en voyant le manège du petit, disait doucement à sa gouvernante : — Votre vue s'affaiblit, ma bonne ; vous laissez souvent tomber quelque chose dans la casserole. Betty ne répondait rien, et en continuant d'apprêter le dîner de son chat, elle se promettait bien de recommencer.

Un jour Robert trouvait du crin haché dans ce qu'on appelait son lit. Le lendemain matin, le fond de sa culotte était farci de têtes de chardons. Il était furieux ; il se contenait à peine. Les égards que marquait M. Cammeron à une ancienne domestique qui lui avait sacrifié toute sa vie balancèrent pendant quelque temps ses projets de vengeance ; mais une pierre que Betty avait eu l'air de jeter à un chien de six pouces de haut, et qui le frappa à la tête, le fit passer sur toutes les considérations.

Il commença par cacher une jarretière, que Betty sans mot dire, remplaça par un bout de ficelle. Il jeta au feu un bas, que Betty remplaça par un chiffon. On attaquait, on se défendait sans éclat, et cette guerre sourde était toujours subordonnée au respect qu'on portait au maître.

Cependant l'impassibilité apparente de Betty avait un but que Robert ne soupçonnait pas. Elle voulait lui inspirer la confiance de l'impunité, et l'amener à quelque espièglerie assez grave pour qu'elle pût l'attaquer avec avantage dans le cœur de M. Cammeron. Robert donna dans le piège. Il enrageait qu'on eût l'air de ne s'apercevoir de rien. Qu'est-ce en effet que la vengeance, si on ne jouit pas des angoisses de son ennemi ? Robert, piqué au jeu, se décida à frapper les grands coups. Il jeta dans le puits une paire de poches neuves et un tablier qui ne l'était pas. Il était fait d'un morceau de taffetas vert, que la reine, femme de Jacques second, avait à l'aide de son aiguille et d'un peu de fil d'or, transformé en un bel étendard, qu'elle avait confié au père Cammeron. Celui-ci, en mourant, l'avait envoyé à son fils, et comme il ne savait pas broder, et que l'on conduit difficilement sa plume lorsqu'on est à l'agonie, il avait écrit tant bien que mal, sur l'étendard : Apprenez à mourir pour vos rois. Le jeune Cammeron, persuadé que sa mort ne pouvait être utile à personne, et que sa vie l'était à ses pauvres Écossais, avait religieusement baisé l'étendard et l'avait serré dans son tiroir.

Betty était jeune et jolie lorsqu'elle était entrée à son service, et il n'avait que des privations à lui faire partager. Un montagnard, beau, bien fait, avait offert sa main, et il plaisait à Betty, et Betty lui dit : — Je vous crois nécessaire à mon bonheur ; mais je suis plus nécessaire encore à M. Cammeron, et je reste avec lui. Si le bon prêtre eût pu, en ce moment, disposer d'un trésor, il l'eût offert à Betty. Son morceau de taffetas vert était ce qu'il avait de plus précieux ; il le lui présenta en disant : C'est le denier de la veuve.

Betty s'en parait aux bonnes fêtes de l'année, et l'enfermait soigneusement de la Toussaint à Noël et de Noël à Pâques. Qu'on juge de son chagrin, de ses exclamations, lorsque, le jour de la Pentecôte, elle chercha son tablier, et le chercha en vain ! M. Cammeron lui représentait, avec sa douceur ordinaire, que tout ici-bas est périssable, et qu'attacher un instant de bonheur à telle ou telle parure, c'est descendre au-dessous de soi. Robert allant, venant, jouissait des clameurs, des gémissements de Betty. Le petit coquin !

Cependant l'heure de l'office approchait, et il fallait laver la casserole qui servait aussi à M. Cammeron de cuvette et de plat à barbe. Betty, pleurant, grondant, fut tirer un seau d'eau au puits, et elle ramena ses poches et son tablier pendants au crochet de la corde. Ce n'était ni elle, ni M. Cammeron qui avaient jeté ces belles choses-là dans le puits : ce ne pouvait être que Robert. Sa douleur se changea en joie ; elle rentra triomphante, pièces de conviction à la main, et elle accusa son ennemi.

Robert voulut se défendre. Sa négligence, sa paresse avaient refroidi son patron et le rendaient facile aux insinuations de sa gouvernante. Il interrogea le coupable avec un ton sévère qui l'intimida. Robert hésita, balbutia, et confessa son crime. Betty exigeait qu'il fût chassé à l'instant — Non, répondit M. Cammeron. Il est sans ressources, et je ne réduirai pas au désespoir un enfant qui peut se corriger.

On attendait toujours la réponse de madame Robert, qui ne répondait point, par une excellente raison : elle n'avait pas reçu la lettre du bon prêtre. Le paquebot de Douvres avait été surpris à moitié chemin par un grain qui bientôt devint une tempête, et qui jeta le bâtiment sur un banc de sable à la côte de Middelbourg. Il talonna, il s'entr'ouvrit ; les matelots se désespérèrent, prièrent, se noyèrent, et la malle aux lettres vogua sur la mer du Nord, qui n'est pas du tout le chemin de Paris.

— Voyez, disait le bon prêtre à Robert, voyez à quel point vos fredaines ont indisposé madame votre mère ! elle ne daigne pas me répondre, à moi, qui ne peux avoir d'autre tort à ses yeux que de vous avoir recueilli. Vous êtes un mauvais sujet, Robert, et cependant je ne vous abandonnerai point, car enfin, ne faire du bien qu'à ceux qu'on aime, c'est vouloir toujours jouir, et il n'y a pas de mérite à cela.

Robert était d'un caractère irascible. Persuadé de la légitimité du droit de représailles, il croyait n'avoir rien à se reprocher envers Betty, et je suis tenté de penser comme lui. Persuadé encore que rien ne le rétablirait dans les bonnes grâces de M. Cammeron, il cessa de se contraindre, et il se livra à des excès... mais à des excès !... vous allez voir.

Je vous l'ai dit, Betty avait un chat, un chat maigre comme elle et son maître, parce que, comme eux, il avait toujours faim. Après M. Cammeron, Love était, de tous les animaux, le plus cher à Betty ; et elle ne prévit pas, elle toujours si prévoyante, à quel point l'impunité peut pousser l'atrocité. Enhardie par l'impunité et la confiance de M. Cammeron, elle ne cessait de faire à Robert des niches plus ou moins piquantes. Un soir il trouva au bout de sa paillasse un fagot d'orties qui lui mit en cloches les pieds et la moitié inférieure des jambes. Robert dévora sa douleur. Il eût mieux fait, allez-vous dire, de jeter les hauts cris, et de convaincre Betty comme elle l'avait convaincu lorsqu'elle tira du puits ses poches et son tablier. Vous n'y êtes pas, vous ne réfléchissez pas, vous ne connaissez pas les ressources d'une fille vieille, dévote, et qui a le diable au corps. Betty avait préparé ses moyens de défense. Celui qui avait été capable de jeter à l'eau ses effets les plus précieux ne se lassait pas de la poursuivre, et voulait enfin la calomnier. Il n'avait pas balancé à se faire un peu de mal pour lui causer le plus cruel de tous : la perdre dans l'esprit de son maître ; et auquel des deux eût cru M. Cammeron, déjà très-prévenu contre Robert ?

La pénétration du petit n'allait pas jusqu'à deviner un tel coup. Il enragea en silence le reste de la nuit, et roula dans son petit cerveau des projets plus sinistres les uns que les autres. Enfin il condamna Love à mort, et se leva au point du jour pour vaquer à l'exécution.

Love était leste comme un chat maigre, et il se défiait de Robert, qui, à la sourdine, lui allongeait de temps en temps quelques coups de pied. Robert l'appelait d'un ton caressant ; Love le regardait fixement, assis sur son cul, et sautant à l'autre bout de la chambre dès que Robert était à quatre pas de lui.

M. Cammeron avait à sa cheminée un reste de jambon rance, dont on coupait une tranche quand on voulait se régaler. Robert, à l'aide d'un bâton, jeta le jambon dans la cendre, le prit et le présenta à Love, aussi friand qu'affamé. Love ne savait trop s'il devait avancer ou reculer. Robert termina ses irrésolutions en jetant au milieu de la chambre l'os à demi décharné, et en se tirant à l'écart.

Love saisit l'occasion unique de faire un bon repas ; et ce n'est pas sans cause qu'on a classé la gourmandise au rang des péchés capitaux : celui-ci le perdit. Robert, armé d'un cordeau, s'approchait sur la pointe du pied ; il jeta un nœud coulant au cou de l'animal. Love voulut fuir, mais trop tard. Ses efforts n'aboutirent qu'à serrer la corde. Robert tira de son côté, et le chat du sien, jusqu'à parfaite suffocation.

La vengeance de Robert eût été incomplète s'il fût resté le moindre doute à Betty. Il accrocha Love, étranglé, de manière que la gouvernante, sortant de ses galetas, se frappa le front contre le crâne de l'animal chéri. Betty cria, et de sa bosse à la tête, et de la douleur que lui causait cet événement tragique. M. Cammeron accourut à ses cris. Il entendit, il vit... Oh ! pour cette fois, il n'y eut plus de rémission.

— Je vous ai pardonné bien des fautes, dit le bon prêtre à Robert ; mais ôter la vie à une créature innocente pour satisfaire la haine que vous portez à une fille à qui je dois tant, et qui ne me doit rien, voilà qui est inexcusable, et ce que je ne vous pardonnerai point. Sortez d'une maison où vous avez apporté le trouble et la défiance, et puissent les infortunes que vous ne cessez d'attirer sur votre tête vous rendre sage enfin ! Voilà deux couronnes. Dieu m'est témoin que c'est tout ce que je possède : je vous les donne. Allez, et repentez-vous.

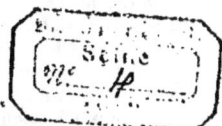

L'amant était embarrassé ; Fanny n'eût osé dire le premier mot (page 46).

CHAPITRE IV

Robert devient jacobite et fils de Mac-Karon, l'un des sujets dévoués de Charles-Édouard. — Lord Lovat prend, pour paroles d'Évangile, toutes les balivernes qu'il lui plaît de conter, milady encore davantage et miss Fanny, leur fille, mille fois plus... L'amour s'en mêle et les choses vont un train d'enfer jusqu'à ce que lord Kilmarnock découvre le pot aux roses. — Robert qui a rêvé d'abord roi, puis grand chancelier, enfin simple lieutenant et heureux époux, retombe Gros-Jean comme devant, non sans recevoir quelque chose par derrière... mais sans épouser Fanny, même à l'écossaise.

Voilà Robert parti, emportant la bourse du bon prêtre, sa vieille culotte de panne noire, un gilet vert et un bonnet carré, mangé de mites, dont la houppe usée, attachée à un bâton, servait de houssoir au presbytère. Robert n'était pas avantageusement vêtu, il ne se dissimulait pas ; mais il avait appris qu'on ne gagne rien à jeter ce qu'on a dans la mer, et ne forma d'autre projet sur les vêtements qui le couvraient, que de les garder jusqu'à ce qu'il pût s'en procurer de meilleurs. Il se mit à trotter, persuadé qu'il ne manquerait pas de rencontrer bientôt quelque Louison, quelque lord, et projetant par exemple de tirer un grand parti des circonstances.

Il se rappelait en marchant la cuisine de sa mère, la bonne chère que lui faisait mademoiselle Louison ; il comparait à cette vie passée la misère qu'il éprouvait sur sa roche, l'abstinence que lui faisait partager M. Cammeron, et à ces idées succéda la tentation très-prononcée de se bien régaler à la première auberge. Il n'ignorait plus qu'on joue un triste rôle quand on n'a rien ; il sentait qu'un bon repas écornerait furieusement ses petites finances ; mais puisqu'elles devaient finir, qu'importait que ce fût deux jours plus tôt ou deux jours plus tard ?

C'est ainsi que calculent des hommes faits, qui se ruinent, et qui ne le sont pas plutôt, qu'ils gémissent des privations où les a exposés leur mauvaise conduite. C'est ce calcul-là qui fait des escrocs, des filous, des voleurs, et il en fait et beaucoup, car de quoi vivraient messieurs de la justice criminelle, leurs subordonnés, leur *agent*? De quoi s'amuserait ce bon peuple qui n'a pas de quoi payer un billet de spectacle, qui n'a pas tous les jours des fêtes publiques, si de temps à autre on ne le régalait d'une pendaison? Tout est pour le mieux.

Robert parlait fort bien l'écossais, et savait un peu d'anglais. Avec cela il était sans inquiétude sur son chemin et, après tout, il n'avait aucune raison de préférer celui-ci à celui-là. L'important était de savoir où il trouverait une ville quelconque, qui lui conviendrait comme une autre, pourvu toutefois qu'il y eût une bonne auberge. Il interrogeait les passants, qui riaient de son grotesque équipage, qui l'interrogeaient à leur tour, et auxquels, selon sa coutume, il racontait ses aventures : il n'avait rien fait qu'il eût intérêt à dissimuler. Très-peu de gens, je crois, auraient la même franchise.

Il prit quelques repas assez légers en traversant quelques villages, quelques *villottes*, où il ne lui arriva rien de remarquable, cherchant toujours la bonne auberge, qu'il ne devait trouver qu'à Dernock, ville assez considérable du Southerland, où il arriva avec sa seconde et dernière couronne, qu'il se décida à manger aussi gaîment que si le soleil n'eût pas dû se lever le lendemain.

Comme il parlait très-haut, qu'il avait soin de faire sonner en parlant deux ou trois gros sous qui accompagnaient son unique écu, on lui servit tout ce qu'il voulut. On le coucha comme un petit prince; à cette différence près pourtant qu'il y avait dans la chambre deux lits, dont le meilleur était réservé pour un monsieur très-sérieux, qui paraissait très-réfléchi, qui parlait peu, et qui modestement avait soupé à table d'hôte.

Robert, qui avait l'estomac garni, et à qui une forte ration de *porter* tenait les oreilles chaudes, ronfla bientôt, et trouva pour quelques heures l'oubli de ses malheurs passés et de ceux qui l'attendaient encore. Gare le moment du réveil, allez-vous dire : il est toujours cruel, quand on ne peut s'en prendre qu'à soi de ses infortunes. Bah! bah! si je vous écoutais, je ferais un cours de morale qui ne serait lu de personne, et qui ruinerait mon libraire.

Un petit événement troubla le sommeil de Robert longtemps avant que le jour vint lui ouvrir les yeux, lui rappeler sa dépense de la veille et la nécessité de vider ses poches. On frappa avec tant de violence à la porte qu'en quatre secondes elle s'ébranla et qu'elle tomba quatre secondes après. Une troupe de gens armés entra dans la chambre. Celui qui la partageait avec Robert sauta sur ses pistolets et fit feu de ses quatre coups. Les assaillants ripostèrent. Robert se tapit sous sa couverture; il y resta jusqu'à ce que le calme fût rétabli, ce qui n'arriva qu'une heure après. Lorsqu'il n'entendit plus rien, il leva la tête et n'en vit pas plus.

Qu'est-ce donc que tout cela? pensait-il. Suis-je dans un coupe-gorge, et ne m'a-t-on épargné que parce qu'on ne m'a pas jugé volable? Que d'obligations j'aurai à ces guenilles que je dédaignais tant! Ce raisonnement ne valait rien, car enfin, qu'il fût volable ou non, des voleurs n'eussent pas manqué de le sacrifier à leur sûreté. Il n'en est pas moins vrai que bien des individus doivent leur tête à leur obscurité. Obscurité heureuse, qui... — Ah! je vous y prends à mon tour, monsieur l'auteur; c'est vous maintenant qui moralisez. — Vous avez raison, monsieur le critique. — Il vous échappe quelquefois des traits... — C'est sans y penser, en vérité. Contons, contons.

Robert se livrait à une foule d'idées plus ou moins extravagantes, plus ou moins vraisemblables, lorsque le crépuscule lui permit enfin de distinguer les objets. Il remarqua que le plancher avait été lavé, d'où il conclut qu'il y avait eu du sang répandu. Il s'approcha de la fenêtre, regarda partout, et fut frappé du silence profond qui régnait dans l'hôtellerie. Il ouvre sa porte en tremblant, il s'avance dans une galerie qui recevait le jour de la rue : nulle apparence que cette scène nocturne ait causé de sensation à l'extérieur. — Allons, dit-il, c'est le maître de la maison et ses gens qui ont assassiné ce voyageur. Hâtons-nous de sortir d'ici, et même sans payer.

Il rentre sur la pointe du pied; il reprend sa chère culotte, qu'il baise avec un transport de reconnaissance. Il s'assure que son écu est toujours à lui; il passe son gilet, met ses pieds dans ses savates, sa tête dans son bonnet carré, et avise au moyen de s'esquiver sans être aperçu.

Un papier roule sous ses pas. — Si c'était un billet de banque! dit-il en le relevant. Un mort n'a besoin de rien, ajouta-t-il en s'approchant de nouveau de la croisée pour distinguer les caractères, je pourrais me l'approprier sans scrupule; et il lit :

« A tous mes fidèles sujets.

« Accordez votre confiance à M. Mac-Karon. Il a toute la mienne, et je l'ai chargé de mes plus chers intérêts. Entendez-vous avec lui sur les moyens de soulever l'Écosse et d'y introduire des armes. Tâchez surtout d'établir dans vos châteaux des magasins de toute espèce. Quand vous serez prêts, je paraîtrai au milieu de vous.

« Je vous recommande particulièrement M. Mac-Karon, l'un de mes plus dévoués serviteurs, et son fils bien jeune encore, qui a voulu accompagner son père, mais qui n'est pas dans le secret.

« CHARLES-EDOUARD. »

Robert ne savait d'abord ce que cela voulait dire; mais il avait souvent entendu M. Cammeron et Betty parler du prétendant. L'obscurité de leurs phrases l'avait empêché de saisir aucun détail; il ne s'en était pas même occupé. Que lui faisaient, à lui, les querelles des rois?

En repassant dans sa mémoire ce qu'il avait entendu, en comparant certains propos à la lettre qu'il tenait, il jugea que M. Mac-Karon était celui qu'on avait tué ou enlevé, que dans le tumulte cette lettre était tombée de sa poche ou d'ailleurs, et il devinait juste.

Le prince Charles-Edouard préparait dès lors l'invasion qui devait se faire en 1742, pour laquelle on l'avait appelé en France, et qui n'eut lieu que trois ans après. On sait comment se termina cette malheureuse expédition.

Mac-Karon s'était découvert aux lords Cromarty, Lokil, Frasers et Kilmarnock. Ces seigneurs, dévoués à la famille Stuart, commençaient à agir sourdement, mais avec succès. Mac-Karon, encouragé par ces commencements, mit moins de réserve dans ses discours; il se laissa pénétrer par un homme du parti contraire qui le dénonça. On le suivit, on épia ses démarches, et on expédia l'ordre de l'arrêter. Il se défendit et mourut en brave homme.

Robert réfléchissait profondément, tenant toujours sa lettre à la main. Oui, disait-il, oui... pourquoi pas? mais, non, ce projet est inexécutable : je ne suis au courant de rien... Au contraire, le jeune homme n'est pas dans le secret, par conséquent rien à répondre. La lettre du prince n'indique pas d'âge... M'y voilà, m'y voilà : j'y suis décidé.

Robert descend, il fait quelques tours... Toutes les portes sont fermées. Il s'approche des croisées de la cuisine : l'hôte et l'hôtesse, assis devant les restes de leur feu, paraissent plongés dans une mélancolie profonde. Ils sont peut-être jacobites, pensait Robert; en ce cas je ne risquerais rien et j'obtiendrais des éclaircissements. Entrons, et voyons venir.

Il frappe à la fenêtre et se fait un air affligé. Il cherchait à paraître excessivement pénétré, il eût volontiers donné sa vieille culotte pour pouvoir pleurer; mais le don des larmes n'est accordé qu'aux femmes.

L'hôtesse se lève aussi effrayée que si une nouvelle troupe de sbires se fût offerte à ses yeux. Elle regarde à son tour... Robert lui paraît grand comme saint Christophe et fort comme Hercule : richesse et fécondité d'imagination sont encore l'apanage des dames.

L'hôtesse recule et va tomber dans les bras de son mari. Le mari, qui prévoit une scène conjugale, et qui ne s'en soucie plus, dépose tendrement sa femme sur le carreau, et veut juger par lui-même de la cause de son effroi. Il distingue à travers le vitrage le gilet vert, le bonnet carré et le menton imberbe. Il ouvre; Robert entre en s'écrie : — Je suis au désespoir. — Et nous, mon cher ami, et nous! — Vous connaissez aussi M. Mac-Karon? — Et son fils. — Ah! diable! — Ils ont passé ici en allant aux Orcades. Le fils est resté malade à Eda. — Bien malade? — Hélas! il est peut-être mort. — Pauvre jeune homme! — Mais je parle, je parle... Ma tête n'est plus à moi. Qui êtes-vous, avec votre bonnet carré et votre costume hétéroclite? — Je suis fils d'un officier irlandais au service de France. — Vous êtes donc jacobite? — Oh! je vous en réponds. — Asseyez-vous, mon cher enfant : Eh bien, votre père?

— Je me suis embarqué avec lui à Calais. — Après? — Nous avons abordé à Wick. — Ensuite. — Mon père cherchait à se réunir à M. Mac-Karon. — Et il vous a confié ses projets? — Il connaît ma prudence. — Cela ne prouve pas trop en faveur de la sienne... Ah! permettez-moi une réflexion. Il me semble qu'hier vous ne connaissiez pas M. Mac-Karon? — C'est encore un effet de cette prudence que mon père a reconnue en moi. Je me défiais de vous, je me défiais de tout le monde. Mais à peine M. Mac-Karon eut-il fermé la porte de notre chambre, qu'il m'a tendrement embrassé et m'a dit en me remettant ce papier : Je sais qu'on me cherche, et votre âge vous met à l'abri de tout soupçon. Prenez cette lettre du prince; elle vous servira si la fortune nous sépare, ou elle sera commune à tous deux si vous voulez vous attacher à moi.

Robert présentait, en effet, la lettre avec un sérieux et une dignité propres à persuader. — Pardon, mille pardons, lui dit l'aubergiste; mais dans une affaire aussi délicate, il est bon de savoir à qui on se livre. Revenons à votre père. — On l'a arrêté chez M. Cammeron... — Chez M. Cammeron! le prêtre le plus respectable!... — Betty m'a ôté mes habits français... — Elle a bien fait, Betty. Elle est un peu revêche, mais bonne fille au fond. J'ai passé là il y a quinze ans... — Il y a quinze ans... — Elle était ma foi, jolie. Enfin? — Enfin, elle m'a habillé comme me voilà pour me rendre méconnaissable. — Elle a eu tort : vous êtes fagoté de manière à piquer la curiosité, et le roi Georges a des agents partout. — Oh! je ne m'alarme pas aisément. — Bien, mon brave, bien. Moi, je ne suis pas né courageux, et je me borne à aider les gens du parti selon mes petits moyens. Venez avec moi.

Il conduit Robert dans un arrière-cabinet, et lui donne la défroque, très-propre encore, d'un fils unique qui s'était noyé dans la crainte de l'être, c'est-à-dire en apprenant à nager.

Pendant que Robert se donnait une tournure décente, il interrogeait, calculait ses réponses et tirait parti de tout.

— Qu'est devenu ce digne M. Mac-Karon? — Vous n'avez donc rien vu? — J'étais sans armes. — Les scélérats l'ont tué : Dieu le leur rendra quelque jour. — Oh! ce qui arrivera avec le temps. Et vous dites qu'il a laissé son fils malade aux Orcades? — Dans l'île d'Eda, chez un prêtre qui a été confesseur de notre bon roi Jacques, et qui ne balance pas à quatre-vingts ans à exposer sa vie pour être utile aux vrais jacobites. — Il n'expose pas grand'chose; mais il n'en a pas moins de mérite. Je vais prendre la route des Orcades... Ah ça... mais le jeune Mac-Karon est-il connu? — Pas du tout. Il est tombé malade en débarquant, et le premier soin de son père a été de le mettre en sûreté. — Bon. Vous sentez qu'il y aurait de la témérité à s'exposer inutilement. — Sans doute. Je me réunirai à lui, nous pleurerons nos malheurs communs, et si je suis privé de mon père... — Ah! mon ami, j'en ai bien peur. — Je repasserai en France avec mon compagnon d'infortune. — C'est ce que vous pouvez faire de mieux. — Et il trouvera chez ma pauvre mère un asile et du pain. — Digne enfant, digne enfant!

L'hôte était attendri, l'hôtesse l'était à l'excès, Robert crut devoir profiter du moment. Il tira sa couronne de sa poche et la présenta d'un air qui voulait dire : Quel plaisir vous me feriez si vous ne me la preniez pas! — Non, dit l'hôte, non, mon jeune ami. Vous avez bien soupé sans que j'en sois plus pauvre. Gardez votre écu, et Dieu fasse qu'il vous profite. Je vais vous donner quelques renseignements.

« En revenant d'Eda, M. Mac-Karon a vu différents seigneurs qui l'ont reçu avec distinction, et qu'il a disposés en faveur du prétendant. Prenez leurs noms, les lieux de leur demeure, et d'ici aux Orcades vous trouverez partout le couvert, la table et même de l'argent. Je vous en donnerais bien, mais je n'en ai pas trop.

« Allez, mon ami, ne perdez pas de temps. Les bons jacobites ne sont pas sortis de cette nuit de peur d'être remarqués. Les partisans de Georges sont restés tranquilles, parce qu'il leur est égal qu'on tue un des nôtres. Les uns et les autres vont sortir de chez eux. Vous êtes facile : les premiers vous exposeraient par leurs caresses aux soupçons des seconds, et vous finiriez peut-être par aller joindre votre père à Newgate. »

Il donne à Robert une liste des lords avec qui M. Mac-Karon avait formé des intelligences, et il le met à la porte, enchanté d'en être débarrassé, et comptant bien se faire un mérite des services qu'il lui avait rendus, si le prince Edouard triomphait un jour.

Robert a repris sa course. Il s'imagine avoir tout prévu ; il croit sa fortune assurée. — Non, dit-il, non, je ne serai pas chancelier de France ; et qu'est-ce après tout qu'un chef de la justice? un animal vêtu aussi plaisamment que je l'étais ce matin, qui doit s'écouter parler, tout faire méthodiquement ; grave, taciturne, ennuyé et ennuyeux ; voilà, ce me semble, ce que doit être un chancelier. Vive, vive l'uniforme! cela donne à un jeune homme une grâce, une tournure!...

Je me fais réellement jacobite. Je débute par une sous-lieutenance. Je me bats bien, quoique je confesse avoir eu peur cette nuit. A la fin du mois je suis colonel. On m'envoie reconnaître une redoute, je l'enlève ; on me détache avec mon régiment, je bats l'avant-garde ennemie. On me fait brigadier, et avec ma brigade je passe sur le ventre à toute l'armée du roi Georges. Le prince Edouard ne voit plus que moi ; c'est moi qu'il charge de toutes les grandes expéditions. Il congédie enfin ses autres généraux, et me nomme généralissime de ses armées. Je marche droit sur Londres. Le lord-maire vient au-devant de moi me présenter les clefs de la ville sur un plat d'or, et me supplie à genoux de ménager ses concitoyens. Je pardonne à tous les habitants en faveur de milord Allisbad, qui pourtant m'a fait bien du mal ; mais je lève à mon profit une contribution de dix millions sterling. J'envoie un aide de camp au prince Edouard et je le presse de se montrer. Je le prends par la main, je le conduis au milieu du plus brillant cortège à Westminster-hall. Un trône est préparé, et la foule ravie ne cesse de crier : Vive le nouveau roi! Quel est mon étonnement! Edouard confesse publiquement que c'est à moi qu'il doit sa couronne ; il veut me la mettre sur la tête et moi... aïe, aïe, aïe.

C'était le brancard d'une charrette qui venait droit à Robert, qui le frappa à la poitrine, qui le jeta à dix pas de là, et qui termina ces grands projets comme l'expérience plus lente et aussi sûre en dissipe tous les jours.

— Oh! oh! dit Robert en se levant et en boitant tout bas, j'ai été un peu vite ; mais me voici descendu du trône plus brusquement que je n'y étais monté. Après tout, est-il nécessaire d'être roi pour être heureux? Une belle terre, un château commode, des vassaux affectionnés, une jolie femme... oui, jolie très-jolie femme, et avec cela on peut passer doucement la vie sans faire de vains projets. Eh bien! il y a partout des terres, des châteaux et de jolies femmes : pourquoi n'aurais-je pas comme un autre une jolie femme, une terre et un château? Que faut-il pour cela? De l'argent. J'ai un écu que je ne devrais pas avoir, c'est de l'argent trouvé. Avec un peu d'adresse, certaines gens, dit-on, trouvent aussi aisément un million que d'autres un écu, et je ne suis pas maladroit. Allons, j'adopte une vie opulente et tranquille. Je fais à ma petite femme des enfants jolis comme elle... mon Dieu! qu'il doit être agréable de faire des enfants! Elle les nourrit, je les caresse, je les fais sauter... Ah! palsambleu, en voici bien d'un autre!

En faisant sauter ses enfants, Robert avait sauté lui-même dans le fond d'un étang. — Diable! diable! disait-il en se tirant de la boue, si l'ami Rifflard était là, il me dirait que ces deux accidents sont d'un fâcheux augure pour mes projets faits et à faire. Pauvre garçon que ce Rifflard! génie étroit, qui n'arrivera jamais à rien de grand ; bon camarade cependant et que j'aime de tout mon cœur.

Le premier soin de Robert fut d'étendre au soleil la lettre du prince et la liste de ses lords : c'est à la conservation de ces deux pièces qu'était attachée sa fortune. Il avait envie de passer ses vêtements à l'eau, pour qu'on pût au moins distinguer leur couleur primitive ; mais le jour baissait, et ce n'est pas la nuit qu'on rencontre ces villageois si utiles au voyageur qui ne connaît pas la carte des lieux. Or, Robert ignorait où était le château de lord Lovat, qui était en tête de sa liste et avec qui il comptait bien souper. — Après tout, dit-il, cette terre noire qui me couvre ajoutera de l'intérêt à mon histoire ; et si milord me trouve mal comme cela, il me fera faire un habit neuf.

Un paysan lui indiquait un bouquet d'arbres ; un autre, un clocher ; un troisième, un champ de houblon ; et d'indication en indication il arriva avec la nuit au château de Lovat.

Milord était au milieu de sa famille ; sa femme et ses enfants l'entouraient ; une conversation douce, mais animée, faisait disparaître l'ennui du travail et forçait de temps en temps milord à poser son livre, à écouter et à sourire. Un domestique annonce un jeune inconnu d'une figure heureuse, qui demande à se présenter. La jeunesse intéresse presque toujours et n'est jamais suspecte ; milord ordonne qu'on fasse entrer.

Il fallait que Robert fût vraiment beau garçon pour le paraître, chargé de boue et d'eau. Milady et ses demoiselles lui sourirent d'abord avec bonté. Milord attendait l'explication de cette espèce de mascarade. Robert s'énonça ainsi en roulant les yeux et en faisant de grands bras :

— Je suis le fils infortuné d'un père plus malheureux encore. Je dois le jour à M. Mac-Karon... Le petit coquin ! quel sujet il fût devenu s'il eût été un an ou deux de plus sous la direction de M. Belle-Pointe !

Au nom de M. Mac-Karon, milord pose sa main sur la bouche de Robert, prend un flambeau et le fait passer dans un cabinet. Robert n'a oublié aucune circonstance ; il les arrange, les embellit de la manière qui lui semble la plus propre à captiver la confiance. Il exhibe d'abord la lettre du prince, que milord reconnait à l'instant. Il raconte que, guéri par les soins du bon pasteur d'Eda, il s'est empressé de se mettre en route pour se réunir à son père. Il avait passé chez les lords Cromarty, Lokil, Frasers et Kilmarnock. Il avait appris du dernier que M. Mac-Karon était allé à Dornock, et qu'il logerait à la Tortue, chez le bonhomme Thomlinson. Il l'y avait en effet rencontré ; mais au moment où ils s'étaient embrassés, où ils allaient se livrer aux douceurs du repos, trente hommes avaient enfoncé la porte de leur chambre. Son père avait fait feu. Il s'était, lui, emparé des armes des premiers qui avaient mordu la poussière ; il s'était rangé à côté de son père, s'était défendu comme un lion, avait soutenu ce combat inégal pendant au moins quinze minutes ; et voyant enfin M. Mac-Karon succomber sous le nombre, il n'avait plus pensé qu'à se faire jour les armes à la main ou à périr noblement comme son père.

Son intrépide audace avait enfin frappé les assaillants de stupeur. Ils s'étaient précipités les uns sur les autres. L'escalier était jonché de morts, de mourants, de fuyards, que la rapidité de leur course, faisait tomber sur leurs camarades expirants. Il avait franchi tous ces obstacles, traversé l'hôtellerie, la ville, un sabre d'une main et un pistolet de l'autre.

Il n'était pas à un demi-mille qu'il entendit derrière lui un bruit de chevaux. Il tourne la tête... C'était un gros de cavalerie qui était à sa poursuite. Quitter la grande route, se jeter dans un bois voisin, fut l'affaire d'un moment. De l'autre côté du bois est un vaste étang, dont les bords sont garnis de joncs ; le jeune Mac-Karon s'y enfonce et s'y cache, ayant de l'eau jusque sous les aisselles.

L'esprit de parti aveugle tous les hommes et n'est rigoureusement parlant qu'un esprit de vertige. Milord était enchanté de trouver dans l'infortuné que le destin jetait dans ses bras le germe d'un héros. Cependant certaines particularités de son histoire avaient fait naître des réflexions que milord s'efforçait d'écarter, et auxquelles l'aventure de l'étang le ramena malgré lui.

— Mais il me semble, monsieur, dit-il à Robert, que l'étang et le bois dont vous parlez sont à un mille de mon château, et non à un demi-mille de Dornock. — Cela se peut, milord ; mais vous conviendrez qu'en sortant d'un combat inégal et terrible, on n'a pas la tête à soi. — Je l'ai moi-même éprouvé. J'ai fait ma première campagne sous le duc de Marlborough, et après la bataille de Malplaquet, je me suis trouvé devant Mons sans savoir par où ni comment j'y étais arrivé. — Vous voyez, milord, que le vrai peut quelquefois n'être pas vraisemblable. — A la bonne heure. Vous mettez d'ailleurs dans tout ce que vous dites un ton de vérité bien propre à persuader.

Milord donnait tête baissée dans le piège. Cependant il lui vint à l'esprit une difficulté dont la solution devait pleinement constater l'identité du personnage. — Vous avez été élevé en France, ainsi vous parlez français. Milady sera fort aise de converser avec vous dans cette langue. C'était faire beau jeu à Robert.

Son imagination se monte de nouveau. Il débite une kyrielle de mensonges avec une volubilité telle que milord, qui avait perdu l'habitude du français, ne comprit pas la moitié des belles choses qu'il lui contait, et n'en fut pas moins convaincu qu'il parlait sa langue maternelle. C'est la seule fois que milord devina juste pendant le séjour que fit chez lui M. Mac-Karon.

Il l'embrassa tendrement, le pressa contre son cœur, et montrait le plus vif empressement de le présenter à milady et à ses enfants. Robert lui réservait une dernière scène qui devait écarter à jamais le soupçon.

— Je vois, milord, que je suis chez un véritable ami de mon père. Vous n'êtes étonné de rien de ce que vous voyez, de ce que je vous ai raconté : vous êtes donc instruit. Par grâce, par pitié, dites-moi pourquoi on a attenté à la vie de mon père. Qu'est-ce que cette lettre signée *Charles-Edouard* ? qu'est-ce que ce secret que j'ignore, et pourquoi suis-je expressément recommandé aux fidèles sujets d'un roi dont les Etats me sont inconnus ? Et Robert était aux genoux de milord, il lui baisait les mains et le regardait d'un air pénétré.

— Vous saurez tout quand il en sera temps, lui répondit milord d'un ton mystérieux et prophétique. Nourrissez votre valeur et attendez en silence le moment marqué pour la victoire. Gardez surtout le plus profond secret sur cette lettre, qui peut vous perdre, qui me perdrait avec vous, et que votre père n'aurait pas dû vous confier. Donnez-la-moi, que je l'enferme, que je la dérobe à tous les yeux.

Milord fait appeler son épouse. Il lui raconte les billevesées que lui a débitées Robert. Milady, déjà prévenue en sa faveur, va plus loin encore que son mari : elle veut que Mac-Karon n'ait pas d'autre domicile que son château. Elle veut qu'il y retrouve un père, une mère ; qu'il soit le frère de ses enfants. Milord baisse agréablement la tête en signe d'acquiescement. — Oui, madame, nous devons tout faire pour lui, et vous n'avez que le mérite de m'avoir prévenu. Adoptons ce jeune infortuné, dont le père est mort, comme nous mourrons peut-être, Lokil, Kilmarnock, Frasers et moi, et puisse quelque âme généreuse rendre à nos enfants ce que nous aurons fait pour celui-ci ! — Mourir pour des rois détrônés ! quelle folie ! un souverain digne du trône n'en descend jamais, quels que soient ses revers ; il meurt les armes à la main.

Allons, allons ! c'est bien à moi de me mêler de

ce que les rois doivent ou ne doivent pas faire. Revenons à M. Robert.

Milord et milady convinrent d'interpréter, d'altérer, de changer les premiers mots échappés au jeune Mac-Karon, en présence d'un domestique, dont l'indiscrétion pouvait avoir des suites funestes. Il fut arrêté qu'il se nommait Van-Benning, qu'il était de Mons, que milord avait connu son père pendant ses campagnes de Flandre, qu'il lui envoyait son fils pour qu'il apprit l'anglais, et qu'ainsi Mac-Karon parlerait toujours français dans les premiers temps, ce qui serait utile aux enfants qui avaient déjà quelques principes de cette langue.

Tout cela bien entendu, bien convenu, on pria M. Van-Benning de venir prendre une place à table, ce qu'il ne se fit pas dire deux fois.

Indépendamment du père et de la mère, la famille était composée de deux demoiselles fort jolies, dont l'aînée avait treize à quatorze ans, et d'un fils en bas âge, qui était né pour déshériter ses sœurs, d'après une coutume aussi extravagante que tant d'autres qui ont été supprimées en France.

En prenant double part d'un excellent souper, M. Van-Benning regardait du coin de l'œil les deux petites ladies. Fanny, plus formée, plus jolie, plus gaie, plus piquante, fixa enfin son cœur irrésolu. Il lui adressait de ces traits généraux, mais obligeants, spirituels, que femme qui plaît interprète toujours si facilement. Milady mère souriait à ce qu'elle n'entendait qu'à demi. Fanny baissait les yeux et ne répondait pas ; mais elle écoutait, et en pareil cas écouter c'est répondre.

On conduisit M. Van-Benning dans une belle chambre, où était, entre autres meubles utiles, un lit digne du prince Edouard lui-même. Van-Benning, en se déshabillant, jouait avec son imagination. Elle est charmante, pensait-il, elle me convient et beaucoup, et je crois que je lui conviens assez. Elle ne me donnera ni terre, ni château, parce que le bambin de lord doit, pour soutenir l'honneur de sa maison, avoir à lui seul la succession tout entière ; mais Fanny aura une légitime quelconque, et je n'ai rien ; Fanny est donc un excellent parti pour moi. Une simple métairie qu'elle embellira n'est-elle point préférable à tous les châteaux ? C'en est fait, je me borne, et je sacrifie à Fanny les plus brillantes espérances.

Il s'endormit, et ne rêva que bonheur. A son réveil un homme se présenta. C'était le tailleur le plus renommé du bourg voisin, qui lui prit gravement sa mesure, et qui se retira sans articuler un mot. Il n'est personne en Angleterre qui ne se croie un personnage. Il n'est personne en France qui n'ait la même prétention ; mais l'Anglais soutient la sienne avec une persévérance, une sorte de dignité que nous ne connaissons pas, nous autres rieurs, et l'homme qui rit toujours est quelquefois plaisant, souvent ridicule, et n'impose jamais.

— Bien, dit Van-Benning en descendant, je vais être vêtu comme un digne soutien du prétendant. On m'a trouvé bien sous mes habits crottés ; je paraîtrai charmant lorsque je serai mis avec une sorte d'élégance : Fanny est à moi.

Le petit drôle ne se trompait pas. Fanny n'avait pas fermé l'œil, et la nuit lui avait semblé courte : elle avait rêvé éveillée, elle avait rêvé amour et bonheur. Toutes les petites filles rêvent comme cela.

Le jour commençait à peine à poindre, qu'elle était sautée de son lit. Elle avait passé une robe à la hâte ; sa mise n'avait pas le sens commun, et elle en était plus jolie. Jeunesse et fraîcheur, œil vif, nez en l'air, narguent l'art et la parure.

Elle parcourait les jardins, et sans intention, sans même y penser, elle se retrouvait à chaque instant sous les fenêtres de M. Van-Benning. — Peut-on dormir aussi longtemps ! dit-elle enfin avec dépit.

Le jouvenceau, sortant des mains du silencieux tailleur, se lance à son tour dans les bosquets pour penser en liberté, pour mûrir ses nouveaux projets. Fanny l'a vu ; elle fuit, elle se cache sous le bois touffu. Elle rougit de plaisir ; mais elle soupçonne le danger d'être deux. Voilà ce qu'éprouvent encore les petites filles bien élevées... pendant quelques jours.

M. Van-Benning la rencontra enfin, et cela devait être ainsi : quand les Grâces fuient devant l'Amour, c'est toujours pour se laisser prendre. L'amant était embarrassé ; Fanny n'eût osé, pour les trois royaumes, dire le premier mot. Ils se promenaient depuis une heure ; ils ne disaient rien, et ils s'entendaient à merveille.

La cloche appelle les commensaux au déjeuner. La petite personne prend sa course. Elle connaît les détours ; elle est entrée, elle est à table, et M. Van-Benning cherche encore le château. Il arrive enfin. On se salue, on se souhaite le bonjour, comme si on ne s'était pas vu encore : une petite fille bien élevée est quelquefois plus dissimulée qu'une autre. Fanny a retrouvé la parole, elle s'en sert librement ; elle se croit forte, parce qu'elle est auprès de sa mère.

Cette différence de procédés, de conduite, n'échappe point à l'amant. Il n'a pas d'expérience ; mais on voit si clair quand on aime ! — Je plais, dit-il à part lui ; je plais, je serai le gendre de milord et le plus heureux des hommes... Un moment donc. Puis-je sans scrupule tromper un seigneur respectable, épouser, sous un nom supposé, une fille qui croira se donner à celui que je représente ?... Hé ! parbleu, que doit vouloir un bon père ? le bonheur de sa fille ; et qu'aura-t-il à me reprocher si je fais celui de Fanny ? Or, je le ferai, car ce n'est pas Mac-Karon, c'est moi qui aime la séduisante fille, et c'est moi qu'elle épousera. Après tout, le fils de madame Robert ne vaut-il pas celui d'un aventurier écossais ? Mac-Karon se serait fait un état, me dira-t-on. Eh bien, par considération pour milord, je reviens à mes premiers projets. Je me lance dans la carrière de la gloire. Je dépose aux pieds de Fanny des faisceaux de lauriers, et la gloire est au-dessus de l'or. Alors je me ferai connaître, et qu'aura à dire milord ? un héros n'a pas besoin d'un nom. Il a illustré le sien ; il est l'enfant de ses œuvres.

Le lendemain nos jeunes gens se rencontrèrent encore de très-grand matin. Fanny était moins timide ; Robert, qu'elle encourageait, parlait avec feu et avec grâce : il disait tout, hors son nom. Fanny s'enivrait du plaisir de l'entendre. Elle ne répondait pas encore; mais écouter un aveu répété, retourné de mille manières différentes, n'est-ce pas dire : J'aime? Marcher avec nonchalance, laisser voir sur une figure enchanteresse une teinte de langueur et de volupté, oublier une main que rencontre, que caresse une main qu'on n'ose chercher, mais qu'on attend, n'est-ce pas dire encore : Éclairez-moi? A quoi mène l'amour?

On apporta à Robert deux habits complets, simples, mais du meilleur goût. Il trouva une montre dans une culotte, quelques guinées dans l'autre, et une femme de chambre lui présenta, de la part de milady, un assortiment de ce beau linge qu'on ne trouvait alors qu'en Angleterre. — Ma foi! dit le jeune homme en passant la chemise fine, le beau-père fait bien les choses! Un uniforme, un cheval de bataille, et sa fille, et je ne lui demande plus rien.

Robert, toujours plus amoureux, était de temps en temps ranimé par son cœur à l'idée de l'erreur où il laissait sa maîtresse. Toujours plus sûr de celui de Fanny, il voyait peu de danger à s'ouvrir à l'aimable fille. Il jugeait avec raison qu'elle lui saurait gré de sa franchise; qu'au fond il devait lui être égal d'être madame Robert ou madame Mac-Karon. Connait-on les distinctions sociales en amour? Pour lui, il eût aimé, il eût épousé Fanny sous le chaume comme dans un château, et devait-elle, pouvait-elle penser différemment? Un autre motif le portait à parler. Sa belle maîtresse connaissait le caractère, les qualités, les ridicules de ses parents; elle pouvait connaître leurs vues; elle dirigeait sa conduite, et si elle lui ordonnait de se taire, qu'aurait-il à se reprocher?

Fanny aimait, et femme qui aime est toujours plus ou moins faible. L'aveu de Robert n'altéra pas ses sentiments, mais elle redouta le courroux de son père. Il devait en accabler celui qui abusait de sa confiance, qui n'avait pas de nom, pas de fortune, aucun de ces avantages qui en tiennent lieu partout, même en Angleterre. Mac-Karon du moins était bon gentilhomme; la mémoire de son père était chère aux gens du parti... Ces réflexions étaient désespérantes. Fanny sentait la nécessité d'aimer en secret ou de cesser d'aimer. Elle balança quelques minutes, et elle ordonna le silence à son amant.

N'oser avouer à ses parents ce qu'on éprouve, ce qu'on désire, c'est être persuadée de ses torts. Mais pourrait-elle en avoir avec Robert? elle lui a promis de l'aimer toujours. L'affligera-t-elle, le livrera-t-elle à la vengeance de ses parents? Elle en est incapable, y penser même la révolte; mais elle est sans cesse avec lui, toujours plus tendre, et elle commence à se montrer plus facile. Elle ne voit, elle ne pense, elle ne rêve plus que lui. Incapable de rien accorder, elle est sans force pour se défendre. Heureusement Robert n'attaque que son cœur. Il n'est point parvenu encore à ce développement, à cette foule d'organes qui font braver les convenances, les périls, et qui précipitent l'homme vers le but que lui marque la nature. La jeune lady vivait sans rien prévoir; elle se laissait aller aux plus douces illusions. Un an plus tard, c'était fait d'elle. Un événement inattendu la sauva en déchirant son cœur.

On dînait. Robert était parvenu à fixer sa place à table. Petit à petit, on s'était habitué à le voir à côté de l'aimable fille ; mais on ne soupçonnait pas que le pied, le genou parlaient amour, lorsque la bouche était forcée à se taire. Tous deux jeunes, satisfaits, ils apaisaient à la fois deux besoins qui ne cessent de renaître à cet âge, ceux du cœur et de l'estomac... O malheur, que je tremble de vous raconter, et qui vous fera trembler vous-même, si vous avez quelque sensibilité !

Un homme entre sans se faire annoncer. Milord se lève, lui ouvre les bras; le nouveau venu s'y précipite, ils se donnent les marques de la plus vive affection. Milady et ses filles sont debout. Elles paraissent impatientes de saluer à leur tour celui à qui Robert n'accorde quelque attention que parce qu'il a dérangé un jeu commencé sous la table avec le diner, et qui ne devait finir qu'avec lui.

— Avez-vous dîné, mon ami? dit milord. — Non, parbleu. — Eh bien, asseyez-vous. — Mais c'est mon intention. — Vous passez quelques jours avec nous? — Je l'espère. — Bien, mon cher Kilmarnock. A ce nom Robert perd la tramontane. Il a conté à milord Lovat qu'il s'est arrêté chez Kilmarnock, Cromarty, Lokil, Frasers, etc. Milord ne peut l'avoir oublié, et que pensera-t-il, si Kilmarnock et lui n'ont pas l'air de se connaître? Robert, troublé, hors de lui, se lève, s'incline d'un air qui devait signifier pour Lovat : Je suis pénétré de l'accueil que j'ai reçu chez vous, et je vous en remercie.

Kilmarnock dévorait ce qu'on lui servait et ne prenait pas garde aux révérences de Robert. — Bien, c'est assez, dit au jeune homme Lovat, qui interprétait ses mines selon son désir. Asseyez-vous. Vous vous parlerez après dîner. C'est de quoi Robert ne se souciait pas du tout. Il désirait au contraire pouvoir prendre un parti prompt et décisif, et sa tête égarée n'était capable de rien. Celle de Fanny n'était pas plus calme.

Lorsque Kilmarnock fut arrivé à ce point du repas où l'on commence à s'occuper des autres, milord renoua la conversation. — Eh bien, mon ami, comment trouvez-vous notre jeune homme ? — Pas mal, pas mal du tout. — Savez-vous que c'est un brave garçon ? — Je n'en doute pas. Buvons. — Il vous contera ce qu'il a fait à Dornock. — A la bonne heure. — Ah ! si ce pauvre Mac-Karon n'avait pas succombé... — Renvoyez vos domestiques, et buvons. — Il faut réparer ce malheur autant qu'il est en nous. — Faites donc sortir vos gens.

— Que croyez-vous que nous puissions faire ? — Je vais vous le dire sans détour, mon cher Lovat ; je n'aime pas les affaires qui traînent en longueur. — Mais je pense assez comme vous. Le jeune Mac-Karon est un joli sujet. — C'est ce que nous répétons tous les jours, moi et les lords de notre voisinage. Nous n'avons plus de filles à marier ; mais il nous reste de l'argent, et votre Fanny trouverait en lui un parti qui n'est pas à dédaigner. — Vraiment? — Donnez-la au jeune homme, et nous lui ferons, Frasers, Lokil, Cromarty et moi, cent bonnes mille livres sterling. Mac-Karon avait de brillantes connaissances à Versailles : ainsi son fils sera utile au parti de plus d'une manière. Nous nous l'attacherons irrévocablement, et nous lui fournirons bientôt les occasions de nous marquer sa reconnaissance. Qu'en dites-vous? milady? — Si milord consent... — Parbleu, je le veux bien; j'aime à faire des heureux, et je juge, à la rougeur de Fanny, que l'obéissance ne lui coûtera pas d'efforts bien pénibles. Allons, monsieur, remerciez Kilmarnock et embrassez votre femme.

Robert ne voyait, n'entendait plus rien. Il était droit et immobile comme une statue. Milord Lovat le pousse par les épaules, et Robert court devant lui par la chambre, comme un malade en délire. Fanny, qui prévoit une explosion prochaine dont rien ne calmera la violence, Fanny s'échappe pour s'épargner la douleur d'en être témoin. Milord suit la marche incertaine et rapide de Robert, persuadé que l'annonce peu ménagée d'un bonheur inattendu a dérangé la cervelle de ces deux enfants. Il joint le futur dans un coin, le prend par un bras, le tire après lui et le présente à Kilmarnock, qui le regarde d'un air étonné.

— Que signifient ces marques de surprise? dit lord Lovat. Je ne vous conçois pas. — Parbleu, je ne vous comprends pas davantage. — Comment, lorsque je souscris à ce que vous proposez... — Mais je vous parle de Mac-Karon. — Et moi aussi. — Et qu'a-t-il de commun avec ce jeune homme qui me regarde avec ses grands yeux effarés? — Ce qu'il a de commun?... Pouvez-vous le méconnaître, lorsqu'il y a à peine quinze jours qu'il est sorti de chez vous? — Sorti de chez moi!... Ce petit drôle-là serait-il un fripon? — Ah ça, tout le monde extravague-t-il ici? — Personne n'extravague que vous, mon cher Lovat. Mac-Karon est chez moi; il y a été conduit par le bon pasteur d'Eda, qui l'a reçu des mains de son père, et à cet égard il n'y a pas d'équivoque. Viens çà, petit coquin; et dis-nous qui tu es.

L'air consterné de Robert prouvait assez sa supercherie. Lovat, déjà piqué au vif, le secouait d'un côté, Kilmarnock de l'autre. Il avoua qu'il était avec une extrême confusion, et il protesta que le plus cuisant besoin l'avait mis dans la nécessité de mentir. Kilmarnock jouissait; Lovat, furieux de la certitude d'avoir été joué, saisit le grand couteau qui servait à dépecer le roastbeef. Milady, bonne et compatissante... comme une bonne femme, se jeta entre Robert et son mari. Si Fanny fût restée, elle serait morte d'effroi.

Pour peu qu'on ait le temps de réfléchir, on ne tue pas un homme comme un poulet. Milord Lovat dit avec dignité à l'imposteur : — Va, malheureux! porte ailleurs ton abominable duplicité; et il accompagna cette apostrophe d'un geste énergique, dont Robert n'éprouva l'effet que dans le derrière, pour avoir su se tourner à propos.

Il s'en allait, regrettant amèrement sa Fanny qu'il perdait pour s'appeler Pierre au lieu de Paul. Il eût fait là-dessus de très-belles réflexions, s'il n'en eût été distrait par le plaisir de se tirer d'affaire à si bon marché. Mais s'il ne dépendait pas de lui alors d'user d'une partie de ses facultés intellectuelles, Kilmarnock, qui n'avait plus de maîtresses, à qui n'échappait aucun danger et qui ne s'occupait que de son roi détrôné, courut après Robert, poussé par une idée très-prudente et qui avait rapport aux périls futurs. Il ramena le malheureux par une oreille. — Puisqu'il s'est, dit-il, donné ici pour le fils de Mac-Karon, il doit savoir bien des particularités qu'il ne manquera pas de publier. Je crois qu'il est indispensable de le mettre dans l'impuissance de nous nuire. Il m'en coûte d'ouvrir cet avis; mais il me semble qu'il vaut mieux sacrifier un misérable aventurier que nous.

Robert, malgré son trouble et la douleur qu'il ressentait à l'oreille, ne saisit que trop bien le sens de ce discours. Déjà il se croit mort. Il tombe à genoux, il demande grâce. Il pleure, il se repent. Il était jeune, beau, et Lovat ni Kilmarnock n'étaient cruels. — Je l'ai interrogé, dit le premier. J'ai la conviction intime qu'il ne sait que le nom de Mac-Karon, connu à présent de tous les habitants de Dornock. Il a bâti sa fable sur la lettre du prétendant, qu'il a trouvée je ne sais où, mais que j'ai en ma puissance. Quel mal peut-il nous faire? Milady joignit ses prières aux observations de son mari, et Robert obtint la liberté de se retirer où bon lui semblerait, plus, quelques taloches concluantes dont il se serait bien passé.

Comme on ne renonce pas facilement à l'habitude de vivre en bonne maison, et que Robert n'ignorait plus que la condition essentielle pour être admis est d'être bien vêtu, il monta à sa chambre en quatre sauts, et comme

Le bien le mieux acquis est celui qu'on nous donne,

il entassa ses effets dans une valise qui se trouva dans son ci-devant cabinet de toilette : il chargea le tout sur son épaule, passa devant l'appartement de Fanny, qui, heureusement pour elle et pour lui, était allée gémir ailleurs, et il sortit précipitamment du château, de peur qu'il ne vînt à Kilmarnock quelque nouvelle réflexion, ou que Lovat ne pensât à le dépouiller.

Voilà Robert en route, pour la cinquième ou sixième fois. Fugitif ou chassé, honnête homme ou non, il faut marcher quand on n'a pas de voiture, ce qui fait que tant de gens qui valent mieux que Robert sont à pied lorsque tant d'autres...

Robert et sa valise arrivèrent à un petit rideau qui bordait le chemin. Un gazon frais couvrait le tertre; un vieux chêne l'ombrageait. Site agréable, besoin de repos invitent à s'asseoir. Robert s'assit, et on ne s'assied pas sans penser à ses affaires, surtout lorsqu'elles ne sont pas satisfaisantes.

L'idée première qui fixa son imagination, qu'il avait par intervalles caressée sur la grande route, fut le souvenir de Fanny, qu'il aimait tant, dont il était si tendrement aimé. On ne se trouve jamais

EN VENTE DANS TOUTES LES LIBRAIRIES
CHEZ LES CORRESPONDANTS DES PETITS JOURNAUX ET DES PUBLICATIONS ILLUSTRÉES

MONSIEUR · SANS-SOUCI
ROMAN ULTRA-COMIQUE
Par PIGAULT-LEBRUN

DEUX LIVRAISONS
à 10 centimes
PAR SEMAINE

JEUDI ET DIMANCHE

Dessins par HADOL

VENTE PERMANENTE

PARIS
A. DEGORCE-CADOT, ÉDITEUR
70 bis, rue Bonaparte, 70 bis

Sans interruption aucune
TOUS LES ROMANS
DE
PIGAULT-LEBRUN
SERONT PUBLIÉS
EN LIVRAISONS
à 10 centimes

Édition illustrée

Cette édition qui comprendra les
œuvres complètes sera terminée
fin 1878.

SOMMAIRE DES CHAPITRES

CHAPITRE PREMIER. — Où il est établi que Rosalie comprend le mariage à l'instar de mademoiselle sa mère et qu'un Président intègre et juste peut avoir ses petites faiblesses. — Il y est également parlé de la respectable madame Latour, propice aux amoureux craintifs; de la double paternité de M. le Président, qui est père et content... et enfin de mousquetaires, flamberges et chemises au vent; graves conséquences.

CHAPITRE II. — Monsieur le Président et madame la Présidente, finissant par où ils auraient dû commencer, se donnent un héritier unique, ce qui leur en fait pourtant trois. — De Latour fils à Président et de Président à Commissaire, etc., etc.; Rosalie finit très-mal. — Débuts et premières épreuves de Monsieur Sans-Souci. — Ce que peut produire un baiser promis par mademoiselle Estelle, qui, hélas! entre bientôt au couvent. — Par contre, Valentin est bombardé chanoine, avant ses quinze ans révolus.

CHAPITRE III. — Le loup dans la bergerie. — Festin de Balthazar, lequel mène Valentin tout droit à Saint-Lazare. — Ne pouvant faire mieux, Monsieur Sans-Souci présente docilement son postérieur au Frère fouetteur. — Retour du loup dans la bergerie. — Saint Augustin, dans sa béatitude, ne se doute pas qu'il fut librettiste d'opéra comique. — On ne sait pas au juste jusqu'où Estelle et le petit Abbé poussent l'émancipation. — Où une once de tabac joue un rôle important. — Nos amoureux sont sauvés!

CHAPITRE IV. — Il y est démontré que le premier pas se fait sans qu'on y pense et qu'un mari, embrassé très-tendrement, ne refuse jamais rien. — Le corrégidor d'Urgel est bête, vieux, laid et amoureux; pauvre Estelle!... ce qui ne sauve pas Valentin devenu engagé volontaire de S. M. le roi des Espagnes. Estelle absente, vive dona Julia la cantinière! — Deux sergents aux gardes wallonnes au trépassent, et Sans-Souci déserte.

CHAPITRE V. — On voit une duchesse infatigable, mais prévoyante; puis la Sainte-Hermandad rossée par six moines, lesquels se changent en médecins, puis en charlatans. — Il est également question du Cid, de voleurs, de coups de feu et coups de canifs dans des contrats espagnols.

CHAPITRE VI. — Les pilules du docteur Carlos opèrent des merveilles. — Mademoiselle Auda, grande utilité, fait four complet dans une scène de jalousie. — Arrivée à Urgel. — Ainsi que le lecteur perspicace l'a préconçu, Estelle est devenue la nièce attirée du corrégidor. — Comme quoi un corrégidor et quatre médecins peuvent faire cinq bêtes. — Estelle avoue son douloureux cas... Valentin s'en console, et le chapitre finit gaiement par un échange général et amiable d'Époux et d'Épouses.

CHAPITRE VII. — Les choses tournent au noir et l'inquisition montre son nez. — Le Révérend P. des Dominicains tire ses plans, et Valentin aussi. — Le Corrégidor est désagréablement dérangé d'une occupation fort à son goût. — Valentin conquiert la place, mais la porte n'étant pas fermée, le petit neveu est forcement remis à plus tard et Estelle est conduite en lieu de sûreté. — Accusation générale de sorcellerie. — Tout le monde en prison; ils seront brûlés vifs.

CHAPITRE VIII. — Très-court, mais fertile en évènements; un fluide magnétique comme on n'en a jamais vu et comme on n'en verra jamais. — Fin imprévue des questionneurs. — Entente cordiale de moines et d'avenantes sorcières au fond d'une citerne. — Valentin et ses compagnons, devenus de séduisantes señoras, quittent Urgel en grande hâte pour aller implorer santa Julia, patronne des filles à marier.

CHAPITRE IX. — Les évènements continuent à se précipiter. — Avalanche de soufflets. — Estelle est retrouvée, gardée à vue par deux des plus laides, mais des plus embrasées clientes de santa Julia. — Désirs de vieille fille, duo et guitare combinés, effets mirobolants. — Cavalcade générale. — Singulière distraction d'Ursule et de Caliste. — Au ravisseur! au viol! — Valentin et Estelle passent la frontière et peuvent s'occuper enfin en toute liberté, du petit neveu promis au corrégidor.

CHAPITRE X. — La population d'Urgel est en rumeur. — Curieuse apparition des Révérends et de leurs compagnes de citerne dans le plus simple appareil. — Grâce aux revenants, aux sorcières et aux cent doubles pistoles octroyées aux donzelles, tout s'arrange à merveille. — Estelle et Valentin arrivent à Paris. — On tue plusieurs veaux gras en leur bonheur et il est pompeusement procédé à leur bénédiction nuptiale, après la lettre... — Le Moralité de la chose.

Paris. — Typ. Collombon et Brûlé, rue de l'Abbaye

www.ingramcontent.com/pod-product-compliance
Lightning Source LLC
LaVergne TN
LVHW022206080426
835511LV00008B/1596

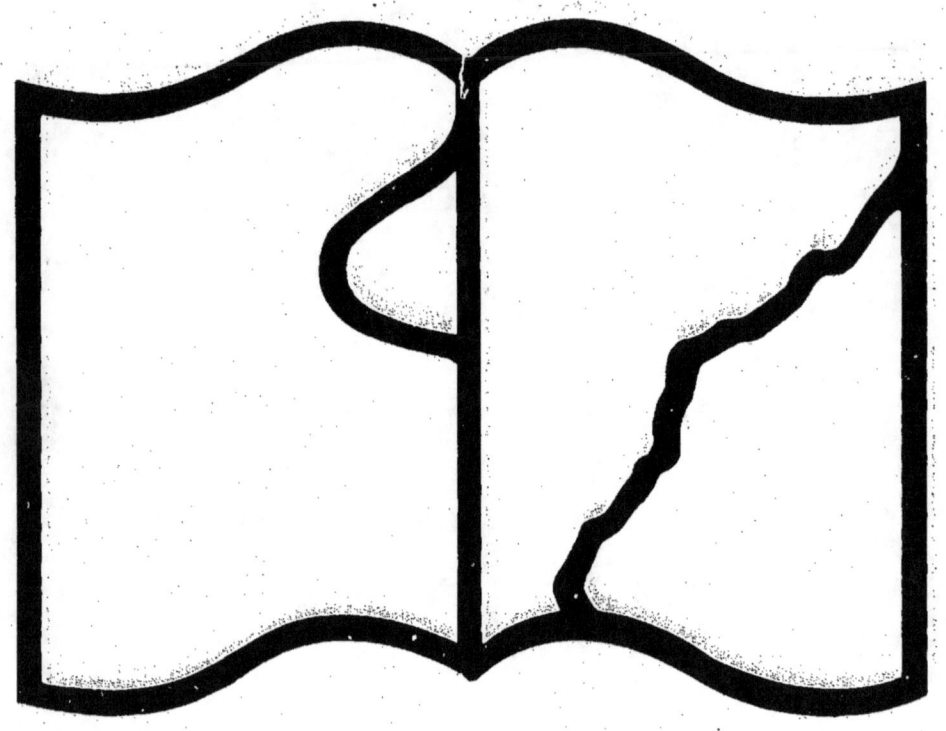

Texte détérioré — reliure défectueuse
NF Z 43-120-11